**Die Autorin**

Gabriela Zander-Schneider, 1955 in Köln geboren und aufgewachsen, entdeckte schon früh ihre Liebe zur Natur und zur Kunst. Neben ihrem schriftstellerischen Schaffen und dem Malen zählt auch die Fotografie zu ihrer großen Leidenschaft. Aus den schönsten Fotos entstehen Wohlfühlbilder, die als Wandbilder und Grußkarten viel Beachtung finden.
Gemeinsam mit ihrem Ehemann Wolfgang J. Schneider gründete sie 2001 die Alzheimer Selbsthilfe e.V., eine deutschlandweit tätige, verbands- und trägerunabhängige Patienten- und Angehörigen-Organisation mit Sitz in Köln, deren Vorsitz sie seither führen.
Bekannt wurde Gabriela Zander-Schneider als Publizistin zahlreicher Patientenratgeber. Ihr Buch „Sind Sie meine Tochter? - Leben mit meiner alzheimerkranken Mutter“ (2006 Rowohlt), das auch in Blindenschrift erschienen ist, wird als Bestseller der Alzheimer Literatur bezeichnet.
Der Roman „Vera“, basierend auf einer wahren Begebenheit, entstand 2010 gemeinsam mit ihrem Mann Wolfgang J. Schneider.
Für ihr soziales Engagement, die Themen Alzheimer und Demenz in der Öffentlichkeit zu enttabuisieren, auf die Belastungen der Betroffenen und Pflegenden hinzuweisen, Verbesserungen in der Pflege sowie eine durchgreifende Entlastung der Pflegenden zu erreichen, wurde sie mehrfach ausgezeichnet, unter anderem im Jahr 2010 mit dem Bundesverdienstkreuz.
Gabriela Zander-Schneider lebt und arbeitet heute gemeinsam mit ihrem Mann in Köln und am Chiemsee.
Im Anhang an den Roman findet sich ein Werkverzeichnis der Autorin.

Gabriela
Zander-Schneider

# Apfelkuchen für die Seele

Roman

Taschenbuch

2. Auflage Januar 2015

Originalausgabe
Herausgeber: Gabriela Zander-Schneider
Lektorat: Petra Seitzmayer, Mainz
Redaktionelle Bearbeitung:
Wolfgang J. Schneider
Umschlagfoto: Gabriela Zander-Schneider
Umschlaggestaltung und Satz:
Malika Wichtendahl,
gestaltungsraum wichtendahl, Dresden
Druck: Anrop Ltd., Jerusalem

Veröffentlicht im Selbstverlag
Gabriela Zander-Schneider
50858 Köln, Lübecker Str. 6



ISBN: 978-3-00-046004-3

www.apfelkuchen-fuer-die-seele.de
www.zander-schneider.de

Alle in diesem Buch geschilderten Handlungen und Personen sind frei erfunden. Ähnlichkeiten mit lebenden oder verstorbenen Personen wären zufällig und nicht beabsichtigt.

*„Die Zukunft gehört denjenigen,*
*die an das Schöne ihrer Träume glauben.“*
*(Eleonore Roosevelt)*

In Liebe

Für Wolfgang, Jennifer und Miguel

## Köln

Sonja stand in der total überfüllten Straßenbahn. Die Menschen drängelten und schoben, wollten unbedingt mitfahren, keinen Moment versäumen, um an diesem trostlosen Freitagnachmittag den Arbeitsalltag hinter sich zu lassen und den Vergnügungen des Wochenendes entgegenzuhetzen. Feierabendchaos.

Die Luft war zum Schneiden dick. Der Blick nach draußen war durch die beschlagenen Fensterscheiben nicht möglich. Bei jedem Halt wehte ein Hauch frischer, regenfeuchter Luft durch die geöffnete Tür, den Sonja tief einsog. Bis zur nächsten Haltestelle versuchte sie durch eine möglichst flache Atmung so wenig wie möglich von der üblen Geruchsmischung einzuatmen, um die aufsteigende Übelkeit nicht zu verstärken.

Es war spät geworden. Wieder einmal. Sonja hatte wie üblich als Letzte das Büro verlassen. Die restliche Belegschaft der Kölner Anwaltskanzlei war bereits am frühen Nachmittag ins Wochenende gestartet. Nicht ohne ihr jedoch vorher einen Stapel unerledigter Arbeiten zu hinterlassen. Gern hätte sie um 16 Uhr Schluss gemacht. Jede Stunde, die sie länger in der verhassten Kanzlei arbeiten musste, wurde zur

Qual. Immer häufiger zählte sie die Stunden bis zum Feierabend, die Tage bis zum Wochenende.

Seit etwa drei Jahren arbeitete sie als Anwaltsgehilfin in der Kölner Notar- und Anwaltskanzlei, die sich hauptsächlich auf Erbrecht, Vermögensverwaltung und gewinnträchtige Scheidungsverfahren spezialisiert hatte.

Mit ihr arbeiteten zwei Anwälte bzw. Notare, Martin Alexander Schöne und Dr. Friedhelm Sommer, sowie ihre Kollegin Felicia Kötter in einer alten Villa in einem noblen Kölner Stadtteil.

Das große Haus war von der Straße aus nicht zu sehen. Eine hohe Mauer schützte das Parkgrundstück vor unerwünschten Blicken. Damit die betuchte Kundschaft unbehelligt blieb, schloss sich das schwere Tor der Einfahrt unmittelbar nach dem Passieren der Nobelkarossen.

Im ersten Stock des Hauses befand sich das Schreibbüro. Auf 200 qm arbeiteten insgesamt neun Schreibkräfte. Sie waren tagtäglich damit beschäftigt, nach Diktat zu schreiben, die anfallenden Dokumente vorzubereiten, zusammenzuheften, zu siegeln und postfertig zu machen. Das Klicken der Tastaturen und Rattern der Drucker auf dieser Etage erinnerte Sonja an die Gelddruckerei der Deutschen Bundesbank, was sicherlich im übertragenen Sinne auch der Fall war.

Zum gewachsenen festen Kundenstamm zählten nicht nur ein Großteil des Kölner Geldadels, sondern zahlreiche Großunternehmer, einige sehr erfolgreiche Künstler und nicht weniger zahlreiche Erben riesiger Vermögen.

Dementsprechend war das Publikum. Überwiegend aufgeblasen, überheblich, rücksichtslos und selbstverliebt. Bis auf wenige Ausnahmen vorwiegend Klienten, die das Glück hatten, mit dem richtigen Namen geboren worden zu sein. Die oftmals keiner geregelten Arbeit oder sinnvollen Beschäftigung nachgingen, immer auf der Jagd nach den neuesten Trends, den angesagtesten Clubs und den exklusivsten Ferienorten auf der ganzen Welt.

Dabei sein, jung sein - auch wenn das tatsächliche Alter sich beim bestem Willen nicht mehr verleugnen ließ. Sich profilieren und angeben mit Vermögenswerten, für die sie selbst keinen Finger krumm gemacht hatten. Immer auf der Flucht vor der drohenden Langeweile oder der Angst, übersehen zu werden.

Nicht zu vergessen, die zumeist blond gefärbten, vom Schönheitschirurgen optisch dem

neusten Modetrend angepassten Damen, die sich erfolgreich durch eine bzw. mehrere Hochzeiten mit vermögenden älteren Herren in eine wohlhabende Position manövriert hatten. So künstlich wie ihr Aussehen war auch ihr Auftreten. Dumm, überheblich, rücksichtslos und arrogant.
Eine Welt, die Sonja fremd war und mit der sie nichts anzufangen wusste.

Daneben gab es die Klienten, die in abgedunkelten Limousinen chauffiert wurden, maßgeschneiderte Anzüge trugen, perfekte Umgangsformen beherrschten, mit schwarzem Aktenkoffer dezent und höflich die Kanzlei betraten, eine leise Unterredung mit den beiden Anwälten führten und anschließend wieder in ihren Limousinen davonfuhren. Geräuschlos, unauffällig und doch irgendwie unseriös.

Sonja wurde das Gefühl nicht los, dass dabei kriminelle Geschäfte auf besonders hohem Niveau abgewickelt wurden.

Entsprechende Akten, die normalerweise für jeden Mandanten angelegt wurden, hatte Sonja in den vergangenen drei Jahren nie zu Gesicht bekommen. Sie vermutete, dass diese, soweit überhaupt vorhanden, direkt wieder in dem großen Safe im Büro von Dr. Sommer verschwanden.

Wohltuend hingegen war der Umgang mit den Mandanten des sogenannten alten Geldadels. Entweder waren sie tatsächlich adelig oder stammten aus Familiendynastien, die seit Generationen das Familienvermögen umsichtig bewahrt und vermehrt hatten. Sie hatten es nicht nötig zu protzen, waren freundlich, ruhig, höflich und zuvorkommend. Mit einem ausgeprägten Sinn für gepflegte Umgangsformen. Sie behandelten andere Menschen mit dem nötigen Respekt, ohne zuvor deren gesellschaftlichen Status zu überprüfen.

Der eine oder andere brachte Sonja schon mal kleine Aufmerksamkeiten in Form von erlesenen Pralinen, Duftbädern oder zauberhaften Blumensträußen mit. Luxusartikel, die sie sich selbst als einfache Anwaltsgehilfin nicht erlauben konnte. Eine freundliche, formvollendete Plauderei rundete diese Begegnungen meist ab. Dies waren die wenigen erfreulichen Momente in der Kanzlei. Momente, in denen sie die seltene Wertschätzung, die ihr entgegengebracht wurde, sehr genoss.

Für beide Anwälte war das Geldscheffeln das zentrale Lebensthema. Rücksichtslos und berechnend verfolgten sie das Ziel, die üppigen Einnahmen Monat für Monat zu steigern. Menschliche oder gar herzliche Regungen konnte

Sonja auch nach all den Jahren bei ihnen nicht feststellen.

Martin Alexander Schöne, der jüngere der beiden Anwälte, neununddreißig Jahre alt, gut aussehend, war verheiratet mit Elvira, der Tochter seines Vorgängers Karl Maria Vonhausen, der aus gesundheitlichen Gründen in den vorzeitigen Ruhestand gegangen war. Was also lag näher, als die Nachfolge seines Schwiegervaters in der Kanzlei anzutreten? Elvira war weiß Gott nicht seine Traumfrau, aber die Mitgift war beachtlich. Dass er nur mit Ach und Krach durchs Staatsexamen gekommen war, spielte keine Rolle mehr. Als Mitinhaber und gleichwertiger Partner von Dr. Sommer in eine der erfolgreichsten Kanzleien Deutschlands einzusteigen, dafür nahm er auch die Heirat mit Elvira in Kauf.

Ohne große Anstrengung setzte er sich in ein erstklassig vorbereitetes, luxuriös gemachtes Nest, was ihm aus eigener Kraft nie gelungen wäre.

Außer der Villa, in der sich die Kanzlei befand, besaßen die beiden Partner noch einige andere Ertrag bringende Anlageobjekte. Sein Schwiegervater hatte sie ihm ebenfalls übertragen.

Zu Martin Alexander Schönes hervorstechenden Charaktereigenschaften zählten sein Egoismus und sein rücksichtsloses Handeln.
In seinem Vorgehen, möglichst schnell noch mehr Kapital zu erlangen, war ihm fast jedes Mittel recht. Sein mieser Charakter schenkte ihm trotz aller üblen Machenschaften stets ein ruhiges Gewissen.

Ob er beispielsweise jemanden geschickt in den Ruin trieb, die Situation ausnutzte und dessen Immobilienbesitz günstig erwarb oder mit anderen, nicht immer durchsichtigen Geschäften sein Vermögen vermehrte, bescherte ihm Zufriedenheit. Das Schicksal der Menschen, die dabei auf der Strecke blieben, berührte ihn nicht. „Was geht mich fremdes Elend an?“, war einer seiner bevorzugten Sprüche. Während Sonja solche Aussagen zutiefst verabscheute, lachte ihre Kollegin Frau Kötter meist zustimmend.

Sonja erinnerte sich noch genau an einen Tag im Frühsommer des vorangegangenen Jahres. Rechtsanwalt Schöne hatte vormittags an einem Zwangsversteigerungstermin am Amtsgericht Köln teilgenommen und betrat gegen Mittag, sichtlich mit sich selbst zufrieden, die Kanzlei. Erfolgreich hatte er ein großes Haus mit dazugehörigem Ladenlokal ersteigert. Einst ein bekanntes Kölner Delikatessengeschäft. Schon seit Jahren war das Geschäftslokal an einen Modeladen vermietet. Die alten Haus- und Ladenbesitzer hatten aufgeben müssen, als sie ihre wöchentlichen Kunden an einer Hand abzählen konnten. Mit den Mieteinnahmen aus der Boutique und einer kleinen Dachgeschosswohnung kamen sie gerade noch so über die Runden. Als die Frau immer hinfälliger wurde, mussten für die häusliche Pflege einige Umbaumaßnahmen durchgeführt werden. Das Geld hierzu gab eine ortsansässige Bank großzügig als Darlehen. Die Immobilie war zwar renovierungsbedürftig, befand sich jedoch in einer hervorragenden Lage. Dass die alten Leute die finanzielle Belastung kaum stemmen konnten, schien unter dieser Voraussetzung keine Rolle zu spielen.

Als der Inhaber des Modeladens die Miete nicht mehr regelmäßig zahlte und die Kosten für die Pflege seiner Frau immer mehr wurden, war die Bank schnell dabei, die säumigen Zahlungen durch eine Zwangsversteigerung abzudecken.

Zufälligerweise spielte der Leiter der Darlehensabteilung im gleichen Tennisclub wie Rechtsanwalt Schöne, wo man sich nach erfolgreichem Match gerne mal den einen oder anderen geschäftlichen Hinweis zuspielte.

Schöne war auch aus anderen Quellen stets frühzeitig über lohnenswerte Versteigerungen informiert. Und so hatte er auch an diesem Morgen wieder den Zuschlag erhalten und die Immobilie recht günstig erworben.

Bei einer Tasse Kaffee, die Frau Kötter ihm umgehend in sein Büro brachte, erzählte er von dem erfolgreichen Vormittag.

Rechtsanwalt Schöne hatte dem alten Mann, nachdem er den Zuschlag erhalten hatte, noch auf dem Flur des Gerichtes mitgeteilt, dass er binnen vier Wochen zu räumen habe.

„Ein echtes Schnäppchen, das ich da erstanden habe“, schwärmte er. „Ich habe schon genaue Vorstellungen, wie ich das Haus umbauen lasse. Das Erdgeschoss mit dem angrenzenden Garten eignet sich hervorragend für ein kleines exklusives Restaurant mit Außengastronomie. Die oberen Geschosse werden Luxuswohnungen. Diese Wohnungen gehen hier in Köln weg wie warme Semmeln.“
Genüsslich trank er einen Schluck Espresso. Die Aussicht auf ein gewinnträchtiges Geschäft ließ ihn zufrieden lächeln.

Gespannt lauschte Felicia Kötter seinen Ausführungen. Es faszinierte sie immer wieder, wie geschickt Rechtsanwalt Schöne sein Vermögen vermehrte.

Durch die offene Tür wurde Sonja unfreiwillig Zeugin des Gesprächs. Die weiteren Ausführungen des Anwalts erregten Ekel in ihr.

„Jetzt muss ich nur noch sehen, dass ich den Alten mit seiner kranken Frau zügig aus dem Haus kriege, um schnellstmöglich mit den Umbauarbeiten anfangen zu können. Er hat mich auf dem Flur im Gericht angefleht, ihn nicht auf die Straße zu setzen. Sein ganzes Lebenswerk stecke in dem Haus. Ich habe ihm eine Frist von vier Wochen gesetzt, um die Wohnung zu räumen. Das hätte er sich früher überlegen müssen. Jeder ist für den Verlauf seines Lebens selbst verantwortlich. Ich bin doch nicht von der Fürsorge."

Rechtsanwalt Schöne war sichtlich stolz auf sich, so günstig an eine exklusive Immobilie gelangt zu sein. Er würde auch dieses Haus unverzüglich renovieren lassen. Schöne ließ sich durch nichts und niemanden daran hindern, seine Pläne umzusetzen. Schließlich hatte er weder Zeit noch Geld zu verschenken.

An diesem Tag hörte Sonja zum ersten Mal diesen menschenverachtenden Satz: „Was geht mich fremdes Elend an?“ Frau Kötter lachte zustimmend.

„Das muss gefeiert werden. Was halten Sie von einem Lunch im Piemont?“, beendete er gut gelaunt das Gespräch, während Frau Kötter sich beeilte, einen Tisch für zwei Personen telefonisch reservieren zu lassen. Sonja wandte sich ab. Die beiden widerten sie an.

Einige Wochen später las Sonja im Vorbeigehen die Schlagzeile einer Boulevardzeitung: „Rentnerehepaar tot aufgefunden.“

Entgegen ihrer Gewohnheit kaufte sie die Zeitung und war sich sicher nach der Beschreibung in dem Artikel, dass es sich um die beiden alten Geschäftsleute handelte, dessen Haus Rechtsanwalt Schöne ersteigert hatte.

Der Mann hatte erst seine Frau und dann sich mit einer Überdosis verschiedener Medikamente vergiftet. Der Pflegedienst hatte beide, Hand in Hand auf dem Bett liegend, vorgefunden. Der Notarzt konnte nur noch den Tod feststellen. Die Tat war von dem verzweifelten Ehemann geplant, das ging aus einem Abschiedsbrief hervor. Er wollte sich und seiner Frau die Unterbringung in einer Einrichtung für alte, sozial schwache Menschen ersparen. Außerdem berichtete der Pflegedienst von unhaltbaren Zuständen. Der neue Eigentümer hatte ihnen Wasser und Strom sperren lassen, die Bauarbeiten im restlichen Haus waren in vollem Gange, die Wohnung im Obergeschoss war nur noch schwer erreichbar. Die Inhaberin des Pflegedienstes hatte bereits mehrfach versucht, die alten Menschen in einer geeigneten Unterkunft unterzubringen.

Rechtsanwalt Schöne schimpfte, als er die Nachricht von dem Tod der beiden erfuhr. „Hätten die sich nicht einen anderen Ort aussuchen können? Das verzögert die Bauarbeiten nur unnötig“, war sein einziger Kommentar.
Frau Kötter nickte wie immer zustimmend.

Sein Schwiegervater ahnte nichts von alledem und war zufrieden, einen, wie er glaubte, würdigen, aufrechten Nachfolger und guten Ehemann für seine Tochter gefunden zu haben. Martin Alexander Schöne spielte seine Rolle perfekt: als Nachfolger, erfolgreicher Anwalt und Notar, als glücklicher Ehemann und Vater von zwei kleinen Kindern.

Kinder passten eigentlich überhaupt nicht in seine Lebensplanung. Aber Elvira war glücklich in ihrer Mutterrolle, sorgte und kümmerte sich aufopfernd um die Kleinen. Dadurch hatte er seine Ruhe und genügend Freiheit, seinen außerehelichen Vergnügungen nachzugehen. Alles in seinem Leben hatte er perfekt geplant und umgesetzt. Er war zufrieden mit sich. Sehr zufrieden sogar. Er, der aus bescheidenen Verhältnissen stammte, wollte niemals so leben wie seine Eltern und nie wieder jeden Cent umdrehen müssen.

Um so vermögend zu werden, war ihm jedes Mittel recht gewesen. Jetzt galt es nur noch, das Vermögen zu erhalten und weiter zu vermehren. Um jeden Preis.

Regelmäßig betrog er seine Frau. Er bevorzugte kurze, nichtssagende Affären. Ganz entgegen dieser Gewohnheit hatte er nun bereits seit einigen Monaten ein Verhältnis mit Frau Kötter, das selbstverständlich auf keinen Fall auffliegen durfte.

Aber es würde ihm nicht schwer fallen, wenn es sein müsste, auch Frau Kötter einen Fußtritt zu geben für den Fall, dass durch sie sein tadelloses Image in der Öffentlichkeit gefährdet werden sollte.

Die ahnungslose Frau Kötter hingegen träumte von einer gemeinsamen Zukunft.

Seinen cholerischen und wesentlich älteren

Kompagnon Dr. Sommer, ebenfalls Rechtsanwalt und Notar, störte das alles nicht. Er war nie ein Menschenfreund mit sozialem Einfühlungsvermögen gewesen.

Dr. Sommer war zwar wie sein früherer Kompagnon Karl Maria Vonhausen bereits im Rentenalter, er zog es aber weiterhin vor, in der Kanzlei zu bleiben. Wohl, damit er seine exzentrische Ehefrau nicht den ganzen Tag ertragen musste. Über die zum Teil undurchsichtigen Machenschaften seines neuen Teilhabers war das eine oder andere zu ihm durchgedrungen. Er hatte jedoch beschlossen, sich herauszuhalten. Sollte Schöne doch machen, was er für richtig hielt. Hauptsache, sein eigener Name würde nicht mit hineingezogen und er würde dadurch keinen materiellen Schaden erleiden. Alles andere ging ihn nichts an.

Sonja gehörte für ihn zu den Menschen, die man perfekt ausnutzen konnte. Zu einer Gesellschaftsschicht, die er nur mit hochgezogenen Augenbrauen und einem abwertenden Grinsen bedachte: Sie war alleinstehend, ruhig, nicht überdurchschnittlich attraktiv, hatte immer noch Schulden aus einer gescheiterten Beziehung, die sie monatlich abbezahlen musste, und war durch diese Umstände auf den Job dringend angewiesen.

Sie würde nicht riskieren, ihre Arbeit zu verlieren. Vor diesem Hintergrund konnte man ihr ruhig die Überstunden und Mehrarbeit zumuten, den gewünschten Urlaub nicht gewähren und sie drängen, trotz Krankheit zur Arbeit zu kommen.

Sonja war völlig in Gedanken versunken, als sie ohne ein Wort der Entschuldigung von einem unfreundlich dreinblickenden Mann unsanft zur Seite gestoßen wurde. Der hatte sich mit Gewalt noch in die überfüllte Bahn gedrängt und stand jetzt ganz dicht hinter ihr. Sein ekelerregender Atem, seine aufdringliche Art, die Rücksichtslosigkeit und der Gestank, dem sie sich nicht entziehen konnte, machten ihr die eigene Hilflosigkeit wieder einmal mehr als deutlich.

Rechts neben ihr stand eine junge Frau. Sie unterhielt sich lautstark mit einem Mann gleichen Alters, der drei Personen von ihr entfernt am Fahrkartenautomat lehnte. Der Inhalt des Gesprächs war völlig belanglos und hohl, beiden aber wichtig genug, ihre Unterhaltung der Öffentlichkeit nicht vorzuenthalten. Sonja war müde, sie sehnte sich nach Ruhe.

Zunehmend fühlte sie sich unwohl in Situationen wie diesen. In denen sie sich mit Menschen konfrontiert sah, die nicht ein Minimum an höflichen Umgangsformen beherrschten und keine Rücksicht auf Anwesende nahmen. Es blieb ihr keine andere Wahl als zuzuhören. Eine Belästigung, die mehr und mehr zur Selbstverständlichkeit zu werden schien. An kaum einem Ort wurde nicht telefoniert, Musik gehört, sich lautstark unterhalten.

Ihre Gedanken gingen zurück zu ihrem Arbeitsalltag.

Felicia Kötter, ihre überspannte alleinerziehende Kollegin, war stets top gestylt und nach dem aktuellsten Trend gekleidet. Sie gab den größten Teil ihres monatlichen Einkommens, das sich durch den großzügigen Unterhalt ihres Ex-Mannes durchaus sehen lassen konnte, für Kosmetik, Kleidung und Accessoires aus. Regelmäßige Kurzreisen und Restaurantbesuche gehörten für sie selbstverständlich zum Leben dazu, genauso wie der wöchentliche Termin beim Friseur und im Nagelstudio. Ebenso die Mitgliedskarte im teuersten Fitnessclub Kölns, den sie zweimal wöchentlich aufsuchte. Nicht zu vergessen das monatliche Faltenaufspritzen.

Ihre Wohnung war minimalistisch, modern und wenig behaglich eingerichtet.

Ihre beiden Kinder, ein zwölfjähriges Mädchen und ein zehnjähriger Junge schienen in ihrem Leben keinen festen Platz zu haben. Die Kinder lebten die meiste Zeit bei ihrem Vater. Die wenigen Tage, die sie bei der Mutter verbrachten, gingen zur großen Erleichterung beiderseits schnell vorbei. Um möglichst wenig Arbeit mit ihnen zu haben und auch ihre Einrichtung zu schonen, ging sie, wenn die Kinder mal wieder ein Wochenende bei ihr verbringen mussten, mit ihnen ins Kino und anschließend in ein Fast-Food-Restaurant.

Der Vater der Kinder legte ebenfalls keinen gesteigerten Wert auf die Ernährung und erst recht nicht auf eine aufwendige Zubereitung. Lieber nahm er aus Bequemlichkeit das italienische Restaurant oder den Feinkosthändler in Anspruch oder ließ die Kinder einfach essen, was ihnen gefiel.

Die Versuche, die Kinder durch eine qualifizierte Kinderfrau bzw. ein Aupair-Mädchen betreuen zu lassen, waren mehrfach fehlgeschlagen. Die Frauen hatten allesamt nach wenigen Wochen gekündigt. Die Aussage einer erfahrenen Betreuerin, dass es sich um ungezogene Ungeheuer handele, war noch die harmloseste Begründung für die Kündigungen.

Glücklicherweise waren die Kinder mit einem ausgiebigen Fernsehprogramm schnell zufriedenzustellen und keiner musste sich um ein Freizeitprogramm Gedanken machen, was man den Kindern auch ansah. Sie waren beide viel zu dick, träge und desinteressiert.

Eins wussten sie allerdings genau: wie sie ihre Eltern unter Druck setzen konnten, um ihre Wünsche durchzusetzen.

Herr Kötter zahlte trotzdem Unterhalt für sie und die Kinder in nicht unerheblicher Höhe, obwohl man die Wochen, in denen die Kinder bei ihr waren, an einer Hand abzählen konnte. Es tat ihm nicht weh. Geld spielte zwar auch in seinem Leben eine wichtige Rolle, jedoch verdiente er mehr, als er ausgeben konnte.

Er redete sich ein, dass er stets alles getan habe, damit es seinen Kindern an nichts mangele. Dass Kinder mehr brauchten als materielle Zuwendung, kam auch ihm nicht in den Sinn.

So hätte Frau Kötter eigentlich ein sorgenfreies Leben führen können, wäre da nicht der ständige Stress, ihr Aussehen, ihre Bewegungen und ihr Auftreten in der Öffentlichkeit kontrollieren zu müssen, und die ständige Angst irgendetwas zu verpassen.

Sie brauchte die Anerkennung und das Lob ihres Gegenübers. Auch sie hatte ein Ziel: irgendwann zu den Reichen und Schönen zu gehören, denen sie täglich im Büro begegnete.

Als die Frage anstand, eine zusätzliche Kraft einzustellen, hatte Frau Kötter zielsicher Sonjas Bewerbung favorisiert. Sonja sah nicht zu gut aus. Ihr Outfit war bescheiden und dezent, genau wie ihr Auftreten. Sie war anspruchslos, leise, fleißig und lehnte sich gegen die immer notwendiger werdenden Überstunden nicht auf.

Das ermöglichte es ihr, die dadurch gewonnene Zeit anderweitig einzusetzen. Zum Beispiel, sich um die Intensivierung der Beziehung zu ihrem Chef zu kümmern.

Sonja war zudem äußerst diskret. Auch in Bezug auf bestimmte außerdienstliche Angelegenheiten: ihre zusätzlichen, heimlichen Flirts und Verabredungen mit wohlhabenden Mandanten. Frau Kötter hatte sicherheitshalber mehrere Eisen gleichzeitig im Feuer. Hauptsache, es sprang ein materieller Vorteil für sie heraus.

Aus ihrer Sicht war Sonja auf jeden Fall ein Gewinn für die Kanzlei.

Ruckartig wurde Sonja aus ihren Gedanken gerissen, als die Bahn unerwartet stoppte. Der aufdringliche Mann, der immer noch hinter ihr stand, war dadurch noch näher an sie herangerückt und machte keine Anstalten, zumindest einen minimalen Abstand wiederherzustellen.

Sonja hoffte, die Türe würde sich öffnen und ein wenig dringend benötigte Frischluft hereinlassen. Jedoch nichts geschah.

Langsam kroch Panik in ihr hoch.

Das Gefühl, aus diesem stinkenden, beklemmend engen und lauten Gefängnis flüchten zu müssen, wurde immer stärker.
Sonja versuchte, sich selbst zu beruhigen.

Unter anderen Umständen klappte das mit einer tiefen, gleichmäßigen Bauchatmung recht gut. In diesem Mief jedoch wollte sie das lieber vermeiden. Kalter Schweiß bildete sich auf ihrer Stirn, die Innenseiten ihrer vor Aufregung kalten Hände wurden zunehmend feuchter. Ihr Puls raste. Die Minuten, während die Bahn stand, wurden zur Ewigkeit. Die Zeit schien eingefroren.

Sonja versuchte sich abzulenken, um nicht hysterisch loszuschreien. Sie konzentrierte sich auf eine Mittdreißigerin, die lautstark telefonierte und dabei ihren Ärger über eine Kollegin in aller Ausführlichkeit schilderte.

Interessiert hörte Sonja zu. Die Schilderungen erinnerten sie an Felicia Kötter. „Kötter mit zwei T", wie diese gern betonte.
Sonja ließ in Gedanken das zweite „T" häufig beiseite. Irgendwie fand sie den Vergleich „Köter" passender und zugleich war es eine stille Genugtuung für sie.

Frau Kötter hatte auch heute wieder spontan einen dringenden Friseurtermin eingeschoben und deshalb die Kanzlei bereits mittags verlassen.

Sie nahm sich immer mehr Freiheiten heraus und begründete dies stets mit ihrem unermüdlichen Einsatz für die Kanzlei und den angeblichen Überstunden. Überstunden, die Sonja zwangsläufig machen musste, damit die Arbeit nicht liegen blieb.

Martin Alexander Schöne war mit seiner Frau zum Lunch verabredet. Wahrscheinlich musste er mal wieder für eine Verbesserung des häuslichen Klimas sorgen. Elvira war auf keinen Fall so naiv, dass sie nicht ahnen würde, was ihr Mann während seiner angeblich unerwarteten, dringenden Termine trieb.

Die Situation in der Bahn wurde für Sonja unerträglich. Beklemmende Angst kroch in ihr hoch. Sie hatte das Gefühl, zu ersticken.
Noch immer stand die Straßenbahn zwischen zwei Haltestellen mitten auf der Strecke.

Zu allem Überfluss dröhnte Technomusik aus den Kopfhörern eines jungen Mannes, der in unmittelbarer Nähe stand. Das Hämmern der Bässe spürte sie wie Schläge in die Magengrube.

Sonja fühlte den kalten Schweiß nun auch auf ihrem Rücken. Sie wollte nur noch raus. Raus aus der Enge, dem Lärm, dem Gestank, raus aus der Menschenmenge, die von alledem nichts zu bemerken schien.

Um nicht laut um Hilfe schreien zu müssen und die Panik unter Kontrolle zu bekommen, versuchte Sonja, sich erneut abzulenken. Sie schaute sich, soweit der beengte Raum in der Straßenbahn es ihr ermöglichte, um. Dabei fiel ihr Blick auf das Cover einer Zeitschrift aus der Reihe „Leben auf dem Land“. Zu sehen war ein gedeckter Tisch auf einer Wiese unter einem Apfelbaum. Ein Kind spielte davor und daneben lag ein Hund.

Eine unbeschwerte Momentaufnahme, die Sonja für einen Augenblick erfolgreich ablenkte.

Ruckartig setzte sich die Bahn in Bewegung. Nach wenigen Minuten plärrte eine automatisierte Frauenstimme durch die Bahn: „Endstation. Ausstieg links." Sonja hatte ihr Ziel erreicht.

Sie drängelte sich in Richtung Ausgang und atmete erleichtert tief ein, als sie auf der regennassen Straße stand. Der Gedanke an das bevorstehende Wochenende und an ihr gemütliches kleines Zuhause stimmte sie wieder versöhnlich und ließ sie die unangenehme Bahnfahrt rasch vergessen.

Nach wenigen Metern erreichte sie das Einkaufszentrum.
Sonja wollte schnell nur das Nötigste einkaufen, um zu vermeiden, sich samstags erneut dem Lärm, der Dauerbeschallung durch Musik und der Hektik auszusetzen.
Sie verstand die Leute nicht, die regelmäßig ihre Zeit damit verbrachten, in dem grellen, viel zu lauten Konsumtempel zu shoppen, um dann voll bepackt mit Taschen und Tüten eilig weiterzusuchen nach unnötigen Dingen, nur um die eigene Leere zu betäuben.

Die in dem Einkaufscenter befindlichen Cafés,

Restaurants und Bars waren stets gut besucht, trotz der zum Teil gepfefferten Preise. Selbst wenn Sonja es sich hätte leisten können, wäre es ihr nicht in den Sinn gekommen, auch nur eine Tasse Kaffee dort zu trinken. Sie konnte nicht nachvollziehen, was den Menschen daran gefiel, sich in einer künstlichen Welt ohne Frischluft, ohne Tageslicht, von Werbeplakaten, kunstvoll gestalteten Schaufenstern zum Einkauf und Verweilen animieren zu lassen.

Einen Spaziergang durch den Wald würde sie diesem Treiben zu jeder Zeit vorziehen. Es stimmte schon, was sie seit ihrer Jugend immer wieder spürte, sie war irgendwie anders. Gerade das ließ sie in diesem Moment ihre eigene Einsamkeit noch stärker spüren.

Diese irreale Welt setzte sich in dem vollklimatisierten Supermarkt, dessen Luft von naturidentischen Aromastoffen erfüllt war, fort.
„Hier macht Einkaufen noch Spaß“, flötete werbewirksam eine Frauenstimme aus den Deckenlautsprechern und pries die Superknüller-Wochenend-Angebote an. Mir macht es keinen Spaß, dachte Sonja mit einem Blick auf das durch Kunstlicht aufgepeppte Obst- und Gemüseangebot, das mit feinstem Nebel besprüht den Anschein von „soeben frisch geerntet“ vermitteln sollte.

Die Werbeplakate an der Fleischtheke zeigten eine sportliche, adrett gekleidete, fröhliche Familie beim Grillen riesiger Fleischmengen in einem handtuchgroßen Garten.
Die Leute standen Schlange, um sich das heutige Angebot an mariniertem, undefinierbarem Fleisch nicht entgehen zu lassen.

Die Werbeversprechen suggerierten Gesundheit und Wohlbefinden beim Kauf verschiedener Produkte.
Die meisten Kunden schienen, unbeeindruckt von den Lebensmittelskandalen der letzten Zeit, nicht darüber nachzudenken, woher das günstige Fleisch, das grell leuchtende Obst oder das Gemüse stammte. Längst war es keine Frage mehr, Himbeeren oder Spargel nicht nur saisonal, sondern das ganze Jahr über kaufen zu können. Hauptsache, alles war zu jeder Zeit verfügbar und vor allen Dingen günstig zu haben.

Viel lieber kaufte Sonja in einem kleinen Bioladen ein, der sich außerhalb des Einkaufszentrums befand. Das Obst und Gemüse, das hier angeboten wurde, hatte Zeit zum Wachsen und wurde erst geerntet, sobald es reif war. Hier glich keine Gurke der anderen. Die Ware stammte von regionalen Erzeugern und hatte keine lange Flug- oder Schiffsreise in entsprechenden

Reife-Containern hinter sich. Leider war der Laden zu dieser Uhrzeit bereits geschlossen.

Sonjas Einkaufsliste war klar strukturiert und so lagen in kurzer Zeit ihre wenigen Einkäufe übersichtlich im Einkaufswagen. Sie konnte es sich nicht leisten, zu viel auszugeben. Die monatliche Rate zur Zahlung der verbliebenen Schulden aus der Beziehung mit ihrem Ex-Freund und das bescheidene Gehalt aus der Kanzlei ließen es kaum zu, von dem genau durchkalkulierten Finanzplan abzuweichen.

Noch mindestens drei Jahre musste sie die Schulden abbezahlen, für die sie im Glauben an eine gemeinsame Zukunft mit ihrem Lebensgefährten gebürgt hatte. Er hatte es vorgezogen, spurlos zu verschwinden, nachdem sie die notwendigen Unterschriften geleistet hatte.

Trotzdem hatte sie eine Tafel Schokolade, einen Piccolo und für ihre Katze einen besonderen Leckerbissen im Einkaufswagen. Ihre Oma hatte ihr schon immer dazu geraten: „Wenn andere Menschen nicht gut zur Dir sind, musst Du besonders gut zu Dir selbst sein."

Die Arbeit in der Kanzlei war in der vergangenen Woche besonders anstrengend gewesen. Das rücksichtslose Verhalten ihrer beiden Chefs und von Frau Kötter ihr gegenüber hatte sich unter den Mitarbeiterinnen im Schreibbüro der Kanzlei längst herumgesprochen. Anstatt ihr beizustehen, animierte dieses asoziale Verhalten sie, Sonja ebenfalls herumzukommandieren und respektlos mit ihr umzugehen.

Der schlechte Umgangston, das Mobbing, die Herabwürdigung ihrer Person griffen um sich wie eine hässliche, ansteckende Krankheit.

Außerdem hatte es wieder eine Auseinandersetzung mit ihrem Chef gegeben. Sonja hatte höflich nachgefragt, wann denn nun endlich ihre zahlreichen Überstunden, wie zugesagt, ausgezahlt würden.

Monat für Monat wurde sie vertröstet. Ob man sie absichtlich bei der Abrechnung übersah oder ob die Herren Anwälte sich nur schwer von dem zusätzlichen Geldbetrag trennen konnten, konnte Sonja nicht genau feststellen. Aber es spielte auch keine Rolle. Das Geld stand ihr seit nunmehr acht Monaten zu. Rechtsanwalt Schöne ging hoch wie eine Rakete: „Glauben Sie, ich habe nichts anderes im Kopf, als ihre läppischen Überstunden zu berechnen? Sie werden ja wohl nicht am Hungertuch nagen, schließlich haben sie ja gerade erst die Weihnachtsgratifikation erhalten.“

Das war allerdings bereits im Dezember gewesen. Und 150 Euro waren auch nicht gerade ein Vermögen.
Sonja hasste diese Art der Auseinandersetzung, bei der sie immer den Kürzeren zog.

Sie reihte sich in die lange Schlange an der Kasse ein und nutzte die Wartezeit, um die Schlagzeilen auf den neben der Kasse im Regal ausgelegten Zeitschriften zu lesen. Sie selbst verzichtete auf den Kauf teurer Zeitschriften.

Das Cover des Magazins über das Leben auf dem Land, das sie eben noch in der Bahn gesehen hatte, zog sie erneut in ihren Bann.

Vertieft in das, was als Überschrift zu lesen war, hatte sie ihre Einkäufe nicht schnell genug auf das Band gelegt. Von hinten pöbelte sie unwirsch ein auf Hochglanz polierter Wichtigtuer an: „Machen Sie doch mal voran. Es hat doch nicht jeder so viel Zeit wie Sie. Ich habe noch dringende Termine.“ Die unfreundliche Verkäuferin maulte sie an: „Schlafen Sie? Sie halten ja den ganzen Betrieb auf.“

Sonja war zu müde, um etwas zu entgegnen, obwohl die Worte sie sehr verletzten. Dieser arrogante Fatzke erinnerte sie an ihren Chef, Rechtsanwalt Schöne. Er passte in die Kategorie: laut, wichtig, egoistisch, rücksichtslos. Und damit schien er sich in einer immer größer werdenden Gesellschaft zu befinden.

Sonjas kurze Vorfreude auf ihr Zuhause war wie weggewischt. Sie fühlte sich elend, hilf- und schutzlos.

Einige unfreundliche an sie gerichtete Worte reichten aus, um ihre fragile Schutzhülle zu zerstören und sie zutiefst zu verletzen.

Schnell zahlte sie ihre Einkäufe, packte ein und ging durch das hell erleuchtete Einkaufszentrum in Richtung Ausgang an den zahlreichen Sonderaktionsständen vorbei, die jede Woche irgendwelche neuen Konsumgüter feilboten.

Am liebsten hätte sie sich unsichtbar gemacht. Was eigentlich gar nicht notwendig war, es nahm sowieso niemand Notiz von ihr.

Was ist denn nur mit mir los, ich war doch früher nicht so dünnhäutig, dachte sie bedrückt und bemühte sich, die aufsteigenden Tränen zurückzudrängen.

„Entschuldigen Sie bitte!“ Eine junge Frau riss sie aus ihren trüben Gedanken. „Möchten Sie auch eine kostenlose Zeitung zum Probelesen?“

Sie hielt ihr das Magazin mit dem vertrauten Foto der Landhausidylle hin.

„Wo ist der Haken? Ein Abo?“, fragte Sonja wenig interessiert. „Nein, keine Kosten, keine Verpflichtung. Dies ist eine Werbekampagne für die neue Serie ‚Leben wie Großmutter auf dem Land‘.“

Sonja konnte es kaum glauben. Sie bekam etwas geschenkt? Ohne Hintergedanken oder Forderung, ohne Anlass?

Ohne weiter nachzudenken, nahm sie dankend das Hochglanzmagazin entgegen und ging ein wenig aufgemuntert weiter. Das Magazin kostete normalerweise 7,50 Euro. Ein Preis, den sie niemals für eine Zeitung ausgeben würde.

Nahe dem Ausgang sah sie Frau Kötter, mit einigen Einkaufstüten bepackt, die mit Abstand teuerste Parfümerie Kölns betreten. Frau Kötter legte größten Wert darauf, ihre Haut mit den teuersten und aktuellsten Produkten zu pflegen, um den drohenden Alterungsprozess aufzuhalten. Sie war stolze Besitzerin einer Gold-Card, was sie gerne betonte, wenn sie Sonja hin und wieder gönnerhaft ein paar Gesichtscreme- oder andere Kosmetikproben mitbrachte. Sonja hatte es längst aufgegeben, ihr zu widersprechen, nahm die „Geschenke“ dankend an, um sie anschließend als Handcreme zu verwenden.

Frau Kötter war das beste Beispiel dafür, dass diese Cremes die Alterung nicht aufhalten, den Herstellern jedoch durchaus die Kassen füllen konnten.

Sonja beeilte sich, unentdeckt von ihrer Kollegin, den Laden zu passieren. Sie hatte keine Lust, sich heute Abend noch mit ihr unterhalten zu müssen.

Draußen regnete es unvermindert weiter. Durch den nassen Asphalt verstärkte sich der Verkehrslärm um ein Vielfaches.

Sie spannte ihren Schirm auf, hängte die Einkaufstasche über die Schulter und beeilte sich, nach Hause zu kommen.

Zehn Minuten dauerte der Weg durch die menschenleeren Straßen, die gesäumt waren von Hochhäusern, die ihre besten Jahre längst hinter sich gelassen hatten.

Gehörte dieses Viertel vor einem Jahrzehnt noch zur gehobenen Wohngegend, war es im Laufe der letzten fünf Jahre regelrecht heruntergekommen. Hier wohnten zunehmend nur noch Menschen, die es sich nicht leisten konnten wegzuziehen. Menschen wie sie selbst.

Eine neue Wohnung in einer anderen Umgebung war für sie nicht finanzierbar. Nach Abzug der Kosten für die Miete und der Rate für die Abzahlung der Schulden blieb ihr gerade mal ein Minimum zum Leben übrig. Sie war froh, wenn sie jeden Monat gerade so über die Runden kam. Sie musste messerscharf kalkulieren und hoffte, dass keine unvorhersehbaren Ausgaben wie Reparaturen oder gar Neuanschaffungen ihren Finanzplan zusammenbrechen ließen. Selbst das Heizen der Wohnung im Winter beschränkte sie auf ein Minimum. Lieber setzte sie sich mit einer Decke vor den alten Fernseher und wärmte ihr Bett mit einer Wärmflasche vor.

Die längst überfällige Bezahlung der ihr laut Arbeitsvertrag zustehenden Überstunden würde ihre angespannte finanzielle Lage durchaus erträglicher machen. Es wurde ihr zunehmend peinlich, diese immer wieder einfordern zu müssen. Ständig neue Ausreden verhinderten die korrekte Auszahlung der ausstehenden Summe. Entweder sollte sie die Stunden „abfeiern", was eh nie gelang, oder sie sollten im darauffolgenden Monat verrechnet werden. Was fast bei jeder Gehaltsabrechnung „übersehen" wurde.

Einfach schäbig, wie sich die beiden Anwälte ihr gegenüber verhielten. Sie verlangte doch nur das, wofür sie auch gearbeitet hatte.
Dieser tägliche Kampf am Rande des Existenzminimums machte ihr zusehends zu schaffen. Es nagte an ihrem sowieso stark angeschlagenen Selbstwertgefühl.

Sonja hatte gar keine andere Wahl, als aus der aktuellen Situation das Beste zu machen. Auch wenn es ihr von Tag zu Tag schwerer fiel. So gern sie ihre kleine Wohnung auch hatte, änderte es nichts an der Tatsache, dass vor ihrer Wohnungstür und im Umfeld nichts mehr so war wie früher, als ihr Leben noch eine Perspektive hatte.

Am liebsten würde sie die kleine Wohnung gar nicht mehr verlassen. Denn nur hier, wenn sie die Tür hinter sich geschlossen hatte, spürte sie ein wenig Geborgenheit.

Allerdings nur, solange sie nicht die Fenster öffnete. Denn der Schein trog, der Lärm draußen nahm in dem Maße zu, wie sich das soziale Umfeld verschlechterte.

Die Autos rasten an ihr vorbei ohne Rücksicht darauf, dass das auf der Straße stehende Regenwasser sie endgültig durchnässte.

Wie überall schienen die Menschen auch hier nur schnell vorwärts kommen zu wollen. Rücksichtslos und egoistisch, nur das eigene Wohl im Fokus. Es dämmerte, kein Mensch kam ihr entgegen. Zahlreiche Fenster waren beleuchtet. Sie hatte einmal mehr das Gefühl, allein zu sein, nur ein wenig geborgen unter dem Dach ihres Regenschirmes.

Endlich hatte sie das Haus erreicht, in dem sich ihre Wohnung befand.

Dreißig Parteien wohnten in dem Haus. Einige Mieter schon seit mehr als einem Jahrzehnt. Ein Großteil der Namen auf den Klingelschildern war ihr bekannt. Nur die dazugehörigen Gesichter nicht.

Als Sonja seinerzeit in das Haus gezogen war, hatte sie versucht, Kontakte mit dem einen oder anderen Mieter aufzubauen. Doch dieses Unterfangen gestaltete sich recht zäh.

Sonja war zumeist diejenige, die immer wieder nachhakte, die Mitbewohner zum Kaffee einlud oder versuchte, ein monatliches Treffen in einem nahegelegenen Café zu organisieren. Das Interesse war nicht sehr groß und so verlief die ganze Sache im Sande und Sonja zog sich noch

ein Stück weiter zurück von ihren Mitmenschen. Seitdem ihr Freund sie von heute auf morgen verlassen hatte, legte sie erst recht keinen Wert auf einen engen Kontakt im Hause.
Völlig erledigt ließ sich Sonja von innen gegen die Wohnungstür fallen. Unsanft setzte sie die Einkaufstasche auf den Boden und hätte sich am liebsten gleich danebengelegt. Sie hörte das Blut im Kopf rauschen und ihr eigener Herzschlag dröhnte in ihren Ohren.
Endlich umfing sie für einen Moment die Ruhe, nach der sie sich den ganzen Tag gesehnt hatte.

Erst jetzt spürte sie, dass sie völlig fertig und erschöpft war. Ihre Kleidung war von außen regen- und von innen schweißnass. Ihr war kalt und sie war unglaublich müde.

Wieder eine Woche hinter mich gebracht, dachte sie.

Achtlos zog sie ihre nassen Schuhe und ihren ebenso nassen Mantel aus.

Die Post, die sie zuvor aus dem Briefkasten genommen hatte, legte sie auf dem Weg in die Küche auf ein Schränkchen im Flur.

Die Post kann warten, bis ich mir eine Tasse Kaffee gemacht habe. Ich mag jetzt nicht, dachte

sie und legte ihren Schlüsselbund daneben.
Den Brief, der dabei zwischen Schränkchen und Wand in einen Spalt rutschte, bemerkte sie nicht.

Piu, ihr roter Kater, hatte sie schon an der Wohnungstür laut maunzend begrüßt. Üblicherweise strich er ihr brummend um die Beine. Ihre nassen Hosenbeine hielten ihn dieses Mal davon ab.
Er setzte sich erwartungsvoll in die Küche vor seinen Futternapf und wartete geduldig.

Nachdem der Kater sein Futter hatte, schaltete Sonja die Kaffeemaschine ein und huschte schnell ins Bad, um vor allem die nassen Strümpfe von ihren eiskalten Füßen zu ziehen und sich ein wenig frisch zu machen.
Das laute Zischen der altersschwachen Maschine zeigte an, dass der Kaffee fertig war.

Auf dem Weg in die Küche holte sie die Post aus dem Flur, zog sich den Stuhl in die richtige Position an den alten Küchentisch und ließ sich mit einem tiefen Seufzer auf ihn fallen. Das rechte Bein legte sie auf die Tischkante. Kater Piu, der nun satt und zufrieden war, sprang sofort auf ihren Schoß.

Die Tasse mit dem duftenden Kaffee in der

Hand, ihre Füße, die langsam wieder warm wurden, und das gleichmäßige Schnurren des Katers auf ihrem Schoß sorgten dafür, dass sie sich langsam wieder entspannte.

Sie nahm einen Schluck heißen Kaffee und genoss den Augenblick der Ruhe.

Völlig unerwartet hörte sie in der Wohnung über sich ein heftiges Poltern. Augenblicklich spürte sie ein heftiges Stechen in der Magengegend. „Blöder, fetter Elefant!“, brüllte sie wütend und setzte sich ruckartig kerzengerade hin. Der verschreckte Kater versuchte, sich mit ausgefahrenen Krallen an ihren Oberschenkeln festzuhalten und sich so vor dem sicheren Absturz zu retten. Der Schmerz schoss ihr in die Glieder.

„Irgendwann stecke ich eine Bombe in ihren fetten Hintern“, rief sie laut mit einem Blick nach oben. Völlig überrascht über ihren eigenen lauten Wutanfall.

In Gedanken sah sie die verhasste Nachbarin in ihren viel zu engen Leggings auf dicken Strümpfen durch die Wohnung trampeln.

Wahrscheinlich war sie gerade erst von ihrem täglichen Mittagsschlaf erwacht und walzte jetzt in die Küche, um sich zum wiederholten Male an diesem Tag über den Inhalt ihres Kühlschranks herzumachen.

Sonja bemühte sich, tunlichst ein Zusammentreffen mit ihr zu vermeiden.

Vor einigen Wochen jedoch hatte sie Pech. Sie begegneten sich im Aufzug. Selbstgefällig grinsend stand sie in ihrem viel zu engen roten Stretchkleid, die ungepflegten, schwarz gefärbten Haare schlampig mit einer Klammer hochgesteckt, lässig an die Rückwand gelehnt. Ihr Atem ging schwer und rasselte laut.

Eine unangenehme Geruchsmischung erfüllte den engen Raum des Fahrstuhls. Billiges Parfum, mangelnde Körperpflege gemischt mit massiver Nikotinausdünstung.

Sonja hielt die Luft an, bis die Tür sich wieder öffnete, und stieg, erleichtert wieder atmen zu können, auf der falschen Etage aus. Den Rest ging sie lieber zu Fuß.
Wie konnte man nur so stinken?

Selbst ihre Katzen, die ihr hin und wieder entwischten, stanken nach altem Zigarettenqualm. Kein Wunder, dass diese lieber auch im kältesten Winter draußen blieben, trotz des Risikos

zu erfrieren. Immer noch besser, als an einer Rauchvergiftung zu sterben.
Unbewusst fokussierte Sonja Ihre aufgestaute Wut gegen die Kanzlei zunehmend auf die verhasste Nachbarin. Sie brauchte ein Ventil.

Sonja war wütend und enttäuscht. Der Anflug einer leichten Entspannung war einer aggressiven Stimmung gewichen.

Als wenn diese angespannte Situation eine weitere Steigerung noch gebraucht hätte, dröhnten exakt in diesem Moment unüberhörbar laut die Turbinen eines Ferienfliegers genau über dem Haus und ließen die Fensterscheiben leise klirren.

Die Einflugschneise des Kölner Flughafens war vor einigen Wochen verlegt worden. Seitdem donnerten im Minutentakt die Flugzeuge im Landeanflug unmittelbar über das Wohngebiet.

Die Maschinen flogen so tief, dass Sonja häufig glaubte, die Gesichter hinter den kleinen Fenstern erkennen zu können.

An Bord ausgeruhte Urlauber auf dem Rückweg von Mallorca oder anderen schönen Ferienzielen, die sie sich selbst wohl nie mehr würde leisten können.

„Es ist zum Kotzen“, murmelte Sonja vor sich hin. Ihre Stimmung war jetzt endgültig versaut. Warum kann es nicht einfach nur mal ruhig sein? Warum kann ich nicht mehr selbst bestimmen, ob es um mich herum laut ist oder nicht? Die Maschine war längst gelandet, als Sonja noch immer dieses leise Pfeifen in ihren Ohren hörte.

Kater Piu schien es wenig auszumachen. Er war zufrieden, dass er wieder auf Sonjas Schoß liegen und schnurren konnte.

Ich hätte den Kaffee nicht trinken sollen, dachte Sonja, als sich ihr Magen erneut schmerzhaft bemerkbar machte. Oder mich nicht so ärgern, fügte sie in Gedanken hinzu.

Auf einen Zettel notierte sie sich, dass sie am nächsten Tag unbedingt in der Apotheke das Magenmittel besorgen musste, wenn sie das Wochenende halbwegs beschwerdefrei genießen wollte. Sie hatte nur noch wenige Tabletten in der Packung. Bei dieser Gelegenheit konnte sie auch gleich den Vorrat an Schlaftabletten und Johanniskrautkapseln auffüllen, die seit einem Jahr ihre ständigen Begleiter waren.

Zunächst hatte sie geglaubt, damit ihre gelegentlichen Schlafstörungen, ihre schlechte Stimmung und die immer wiederkehrenden Magenschmerzen in den Griff zu bekommen. Nur für eine kurze Zeit. Mittlerweile waren diese „Hilfsmittel“ aus ihrem Leben nicht mehr wegzudenken. Aber Besserung war keine in Sicht.

Sie stellte die Kaffeetasse in die Spüle und holte die wenigen Einkäufe aus ihrer Tasche. Zuletzt das Landleben-Magazin. Der Anblick des Covers hatte eine ganz besondere Wirkung auf sie. Es faszinierte sie so sehr, dass sie ihren Blick nur schwer lösen konnte. Irgendetwas daran erinnerte sie? An was? Es wollte ihr nicht einfallen.

Ganz entgegen ihrer üblichen Gewohnheit, die im Haushalt anfallenden Arbeiten noch zu erledigen, nahm sie die Zeitung und setzte sich im Wohnzimmer auf das kleine Sofa, schaltete die Leselampe ein und legte ihre Füße hoch. Kater Piu erkannte seine Chance, sprang neben sie und rollte sich leise schnurrend zusammen.

Jedes noch so kleine Detail auf dem Cover schaute sie sich genau an und nahm es in sich auf.

Auf einer Streuobstwiese unter einem blühenden Apfelbaum stand ein großer Tisch, mit einer geblümten Tischdecke, die wie lose darübergelegt wirkte. Altes Kaffeegeschirr mit kleinem Blümchenmuster war zu sehen, ein Apfelkuchen, ein Glas mit Saft, ein Strauß aus Frühlingsblumen in einer alten Milchkanne. Ein alter Korbsessel mit geblümtem Kissen lud ein, Platz zu nehmen. Ein kleines Mädchen mit Zöpfen in einem hellblauen Kleid flocht versonnen im Gras sitzend aus Gänseblümchen einen Kranz, ein großer Berner Sennenhund lag zufrieden dösend neben ihr.

Sonja träumte sich regelrecht in diese Szenerie hinein.

Sie spürte die Sonne auf ihrer Haut, hörte die Vögel zwitschern, die Bienen summen, das kleine Mädchen leise singen. Sie roch den Duft des warmen Apfelkuchens, das Aroma eines handgebrühten Kaffees und fühlte den Hauch von Sommer, der in der Luft zu liegen schien.

Ein unbeschwertes Motiv, das mit der Realität, in der Sonja lebte, wenig zu tun hatte.

Irgendwie schien ihr das, was zu sehen war, sehr vertraut. Vertraut aus längst vergangener Zeit.

Im Inneren der Zeitschrift wechselten sich zauberhafte Fotos von Blumen, geschmackvollen Dekorationen, blühenden Gärten, ausführliche Berichte über das natürliche Gärtnern, gesunde Lebensführung und Ernährung mit reich bebilderten Rezepten ab. So beinhaltete das Heft auch die Zubereitung des Apfelkuchens aus Großmutters altem Rezeptbuch, wie er vorne auf dem Cover zu sehen war.

Ein Gefühl von Harmonie, Geborgenheit und Nach-Hause-Kommen stellte sich bei Sonja beim Lesen und Betrachten des Magazins ein.

Eigene Bilder tauchten kurz und nicht greifbar in ihrem Kopf auf: Bilder aus ihrer Kindheit, wie ihr schien, Bilder von einem unbeschwerten Leben, an Sommerferien auf dem Land.

Die Zeit verging wie im Flug. Als es Zeit war, ins Bett zu gehen, fühlte sie sich so wohl, wie seit langem nicht mehr.

Mit den Gedanken an das soeben Gelesene schlief sie schnell und entspannt ein. Kater Piu zu ihren Füßen. Sie hatte ganz vergessen, das Schlafmittel zu nehmen, ohne das sie in der Regel nur schwer Schlaf finden konnte.

Am Samstagmorgen erwachte Sonja mit rasenden Kopfschmerzen. Jedes Härchen, jedes einzelne Knöchelchen in ihrem Körper schmerzte, sie war kaum in der Lage, den Kopf anzuheben bzw. aufzustehen.

Von jetzt auf gleich hatte es sie erwischt. Vielleicht hatte sie sich gestern doch unterkühlt. Schweiß stand auf ihrer Stirn, nachdem sie sich mühsam aus dem Bett gequält hatte. Ich muss unbedingt zur Apotheke, dachte sie auf dem Weg ins Bad, und mir zusätzlich etwas gegen die Erkältung besorgen, damit ich am Montag wieder auf den Beinen bin. Nur langsam gelang es ihr, sich zu duschen und anzuziehen. Sie fütterte den Kater und machte sich im Schneckentempo auf den Weg zur nahegelegenen Apotheke.

Frau Thielen, die Apothekerin, begrüßte sie freundlich. Nachdem Sonja ihr Anliegen vorgetragen hatte, bildeten sich bereits wieder Schweißperlen auf ihrer Stirn. Sie hatte Mühe, sich auf den Beinen zu halten. „Kommen Sie, setzen Sie sich hier hin, bis ich Ihnen was zusammengestellt habe." Frau Thielen zeigte auf einen Sessel in einer ruhigen Ecke der Apotheke.

Erleichtert ließ Sonja sich in den Sessel fallen, das Dröhnen in ihrem Kopf war schier unerträglich.

Die Apothekerin hatte Sonja eine Reihe nicht verschreibungspflichtiger Medikamente zusammengestellt. Zusätzlich die gewünschten Magen- und Schlafmittel sowie die Johanniskrautkapseln.

„Sie hat es aber ganz schön erwischt. Ich empfehle Ihnen dringend, einen Arzt aufzusuchen. Das sieht nicht nach einem kleinen Infekt aus. Haben Sie jemand, der sich zu Hause um Sie kümmert?“ Als Sonja verneinte, fuhr sie freundlich fort: „Das nächste Mal rufen Sie an. Wir bringen ihnen die Medikamente dann nach Hause. Sie gehören dringend ins Bett und nicht auf die Straße. Dieses Wochenende haben wir Notdienst. Wenn noch etwas sein sollte, wissen Sie ja, wie Sie uns erreichen.“

Die erfahrene Apothekerin gab ihr noch den Hinweis, die Medikamente genau nach Anweisung einzunehmen. Die Rechnung riss ein großes Loch in Sonjas monatliches Budget. Aber darauf konnte sie keine Rücksicht nehmen. Es war ihr im Moment auch egal.

Sie hatte nur einen Wunsch: nach Hause und wieder ins Bett. Ein Glück, dass sie einen kleinen Lebensmittelvorrat zu Hause hatte und nicht noch zusätzlich einkaufen musste. Selbst Katzenfutter hatte sie vorrätig.

Mit zitternden Knien erreichte sie ihre Wohnung. Sie nahm die Medikamente und legte sich sofort ins Bett. So schlecht hatte sie sich schon lange nicht mehr gefühlt.

Sie fiel in einen leichten Schlaf. Kurze Zeit später wachte sie am ganzen Körper zitternd auf. Hohes Fieber hatte eingesetzt. Dämmerschlaf, kurze Wachphasen und Schüttelfrost wechselten sich ab. Der Tag verging.

Am Abend stand sie auf, um den Kater zu füttern und für sich selbst einen Tee aufzubrühen. Sie nahm ihre Medikamente, machte sich ein wenig frisch und legte sich wieder erschöpft ins Bett.

Nach einer unruhigen Nacht erwachte Sonja am Sonntagmorgen. Sie war zu schwach und zu müde, um aufzustehen. Sie hatte immer noch Temperatur und ihr Kopf dröhnte.

Gott sei Dank kann ich heute noch zu Hause bleiben, dachte sie erleichtert und schloss noch einmal die Augen.

Nur für einen Moment, denn Kater Piu ließ sie nicht in Ruhe weiterschlafen. Er hatte Hunger. Großen Hunger. So wie er eigentlich immer großen Hunger hatte.
„Ich stehe gleich auf Piu“, sagte Sonja leise und kraulte dem Kater, der neben ihr auf dem Bett lag, den Kopf. „Einen kleinen Moment noch.“

Piu stupste mit seiner Nase an ihre Schulter und rieb anschließend ausgiebig seinen Kopf an ihr. Als wenn er verstehen würde, dass es Sonja nicht gut ging.

Ihm zuliebe stand Sonja kurz darauf auf und bereitete sein Futter, ging ins Bad und legte sich erneut hin.

Sie zitterte vor Erschöpfung. Hoffentlich bin ich morgen wieder auf den Beinen, grübelte sie und zog ihre Bettdecke bis unters Kinn. Kurz bevor sie einschlief, spürte sie, dass Piu sich auf ihren Füßen einrollte.

Es war bereits Nachmittag, als Sonja aufwachte.

## Prien

Einige Wochen zuvor in Prien, einer Kleinstadt am bayerischen Chiemsee:

Annemarie ging mit einem Teller frisch gebackenem Apfelkuchen in der Hand durch den großen Vorgarten auf das ansehnliche Bauernhaus zu.

Die alte massive Haustür stand offen. Weit und breit war niemand zu sehen.
Einzig Bernie, der Berner Sennenhund, begrüßte sie schwanzwedelnd, blieb jedoch faul neben der Haustür im Schatten des Hauses liegen.

„Ja, Bernie, wo ist denn Dein Herrchen?“, fragte sie im Vorbeigehen und schaute sich suchend um. Komisch, dachte sie, niemand zu sehen?

„Anton! Anton, wo bist Du denn?“, rief Annemarie, während sie das Haus betrat. Kühl war es in dem alten Gemäuer. Sie kannte sich aus in dem uralten Hofgebäude, waren sie und der Hausherr doch schon Nachbarn von Kindheit an, so wie ihre Väter und deren Väter.

In der leeren Küche stellte sie den Kuchen auf dem massiven Holztisch ab und machte sich auf die Suche nach ihrem alten Freund Anton Neumeister.

„Anton. Wo bist Du denn?“, rief sie erneut und erhielt immer noch keine Antwort.

Am Ende der langen Diele stand die Tür des Arbeitszimmers einen Spalt breit offen.

„Anton?“ Annemarie schaute durch den Türspalt. Der alte Mann saß an seinem Schreibtisch und starrte vor sich hin.

Erst als sie sich energisch vor seinem Schreibtisch aufbaute, eine Hand in die Hüften stemmte und mit der anderen heftig auf die Schreibtischplatte klopfte, schaute er auf.

„Grüß Gott Anton, ich such Dich schon eine Weile. Was schaust denn so versonnen? Ist was passiert?“ Und ohne seine Antwort abzuwarten: „Ich hab einen schönen Apfelkuchen gebacken. Magst einen frischen Kaffee dazu?“

Regungslos hielt ihr alter Freund ein kleines, vergilbtes Schwarz-Weiß-Foto in der Hand. Langsam schaute er zu ihr auf.

„Gut, dass Du kommst, ich müsst mal was mit Dir bereden“, sagte er leise, ohne auf ihre Frage zu antworten.

„Ist was passiert?“, fragte Annemarie besorgt mit einem Blick auf die zahlreichen alten Fotografien, Briefbündel und die abgewetzte Schachtel. Das ungewohnte Chaos auf seinem Schreibtisch irritierte sie. „Du kommst mir irgendwie sonderbar vor“, fügte sie leise hinzu.

Anton sah sie gedankenverloren an: „Aber nein, mach einen guten Kaffee und dann setzen wir uns zusammen. Ich erzähl es Dir dann.“

So kenn ich ihn ja gar nicht, dachte Annemarie auf dem Weg in die Küche. Flink setzte sie Kaffeewasser auf. Mit geübter Hand holte sie den alten Porzellanfilter, die Filtertüten und die Kaffeekanne mit Rosenmuster aus dem Schrank.

Seit Anton allein lebte, ging sie ihm häufig zur Hand und hatte die Schränke in der Küche nach ihren Vorstellungen alltagstauglich umgeräumt.

Während das heiße Wasser leise knisternd dem frisch gemahlenen Kaffee sein Aroma entlockte, gingen Annemarie die letzten Minuten noch einmal durch den Kopf. Anton hatte sie angeschaut, als sei er gerade von einer weit entfernten Gedankenreise zurückgekehrt. Völlig abwesend.

Sie legte eine weiße Tischdecke und zwei Gedecke vom alten Rosenservice auf. Danach zündete sie das passende Stövchen an, damit der Kaffee in der bauchigen Kanne warm blieb. Aus einer alten Milchkanne, die jeden Tag frisch gefüllt im Kühlschrank stand, schüttete sie Milch in ein kleines Kännchen und stellte alles auf den Tisch.

Mit einem leichten Knarren öffnete sich die Küchentür und Anton steckte seinen Kopf herein.

„Hast recht. Setzen wir uns hierher", meinte er mit einem Blick auf den gedeckten Tisch, „draußen ist`s heut so drückend."

Langsam ging er zu der gemütlichen Essecke, die im Erker der großen Wohnküche ihren Platz hatte.

Durch die fünf Erkerfenster blickte man in den Bauerngarten, der vor dem Haus lag, bis rüber auf den See und die Berge.

Annemarie brachte noch flink Kuchengabeln und Löffel, schüttete den frisch gebrühten Kaffee in die Tassen und setzte sich dann erwartungsvoll zu Anton an den Tisch.

„Magst ein wenig Kuchen?“, fragte sie beiläufig, während sie ihm und sich selbst ein Stück auf den Teller legte.

Annemarie war angespannt und verunsichert. Was mochte Anton mit ihr besprechen wollen und warum war er nur so anders heute?

Er nahm einen großen Schluck aus der Kaffeetasse und schaute versonnen aus dem Fenster.

„Anton. Nun mach aber mal einen Punkt! Was ist denn nur los mit Dir?“, polterte Annemarie los. Ihre Anspannung war kaum noch zu ertragen.

Ohne zu antworten, holte Anton umständlich das kleine vergilbte Foto aus der Seitentasche seiner Weste und reichte es der erstaunten Annemarie über den Tisch. Es war das gleiche Foto, das er vor wenigen Augenblicken an seinem Schreibtisch sitzend in der Hand gehalten hatte.

Darauf war er als junger Mann mit einer attraktiven blonden Frau zu sehen. Er hielt lachend ein kleines Mädchen auf dem Arm und pflückte ihr einen Apfel von dem großen Baum, der auf der Streuobstwiese direkt hinter dem Haupthaus stand. Annemarie hatte es sofort erkannt. An die junge Frau konnte sie sich erinnern und auch an das Kind, wenn auch nur schemenhaft.

Wie viele Jahre waren seit damals vergangen? Sie drehte das kleine abgegriffene Foto um. Dort stand fein säuberlich zu lesen: „Sommerferien am Chiemsee.“ Und der Zusatz: „Eine glückliche Zeit.“

Tatsächlich spürte Annemarie beim Betrachten des Fotos die heitere, unbeschwerte Atmosphäre, die zum Zeitpunkt der Aufnahme geherrscht haben musste.

Fragend schaute sie ihren alten Freund an. Langsam und bedächtig zündete sich Anton unter Annemaries kritischem Blick eine seiner geliebten Zigarren an. Es musste schon etwas sehr Wichtiges sein, wenn er in ihrem Beisein und vor allem „im“ Haus rauchte. Als die ersten Rauchwolken aufstiegen, begann Anton zu erzählen. Dazu musste er weit ausholen.

„Du kannst Dich noch an die Katharina erinnern, gell?“, fragte er. Ohne eine Antwort abzuwarten, fuhr er fort:
„Sie war meine ganz große Liebe, die Katharina. Das hast Du nicht gewusst, oder?“

Die erstaunte Annemarie saß steif auf ihrem Stammplatz auf der Eckbank und hörte regungslos zu, als Anton mit seiner Erzählung fortfuhr:

„Ich kenne die Katharina, solange ich denken kann. Jedes Jahr war sie als Kind mit ihrer Mutter hier und hat die Ferien bei uns verbracht. Unsere Mütter waren gut befreundet und schrieben sich regelmäßig Briefe.

Ich konnte es kaum abwarten, bis die Oster- und Sommerferien begannen. Einen Tag später reisten sie dann an. Jahr für Jahr. Außerhalb der Ferien schrieben wir uns häufig, später haben wir telefoniert.

Als meine Eltern zusätzlich zur Bewirtschaftung des Hofes auch noch eine Pension betrieben, hat Katharina dann jeden Sommer gern mitgeholfen. Schließlich hat sie sich dafür entschieden, die Hauswirtschaft bei uns zu erlernen. Das war eine wunderschöne Zeit. Wir waren beide jung, die Welt stand uns offen, wir hatten Pläne und jede Menge Flausen im Kopf."

„An den einen oder anderen Sommer kann ich mich noch erinnern", warf Annemarie ein, „aber, dass sie hier in Ausbildung war?"

„Du hast doch seinerzeit einige Jahre in Wien in einem Hotel gearbeitet", erinnerte sie Anton.

„Aber an den Abend, als wir alle zusammen drüben auf der Fraueninsel zum Sommerball waren, daran kannst Du Dich doch sicherlich noch gut erinnern, oder?", scherzte er unvermittelt. „Da hast Du ja schließlich Deinen Schorsch kennengelernt. Und wir haben Deiner Mutter später erklären müssen, wieso Du so übertrieben fröhlich warst. Es lag nicht nur an der süffigen Bowle."

„Und ob ich mich erinnere", lachte Annemarie, „besonders an die Kopfschmerzen und die Übelkeit am nächsten Morgen."

„Es war eine so schöne und unbeschwerte Zeit damals", fügte Anton leise hinzu. „Auf dem Ball habe ich mich bis über beide Ohren in die Katharina verliebt."

„Das hast Du mir nie erzählt", sagte Annemarie heiser, sie ahnte, dass dies nicht sein einziges Geheimnis war.

Anton hielt einen Moment inne und schaute hinaus auf den See.

„Wir haben in diesem Sommer viel Zeit gemeinsam verbracht. Tagsüber bei der Arbeit, abends sind wir zusammen auf den See rausgefahren, waren beim Tanzen und an unseren freien

Wochenenden in Salzburg oder in den Bergen. Und einmal haben wir oben in der Priener Hütte übernachtet."

Anton zog einige Male kräftig an seiner Zigarre und schaute gedankenvoll den aufsteigenden Rauchwölkchen nach, bevor er fortfuhr:
„In der Hütte haben wir nach einer anstrengenden Bergtour noch lange mit anderen Bergwanderern ausgelassen zusammengesessen, gut gegessen, gelacht und wohl einige Gläser zu viel getrunken."

Erneut zog Anton an seiner Zigarre.
„In dieser Nacht sind wir uns sehr nahegekommen. Es ist einfach so passiert."

Fragend schaute Annemarie ihren alten Freund an.

„Danach war nichts mehr so, wie es mal war. Als wenn wir eine verbotene Grenze überschritten hätten. Katharina ging mir aus dem Weg, wir sprachen nur noch das Nötigste miteinander. Ich habe gelitten wie ein Hund und mir große Vorwürfe gemacht. Der Preis war einfach zu hoch. Wir waren viele Jahre wie Geschwister zueinander gewesen. Mit den neuen Gefühlen und dem, was passiert war, konnte sie nicht umgehen. Die Nacht hatte unser Verhältnis zueinander völlig verändert, entfremdet. Es war halt eine andere Zeit damals. Nicht so aufgeklärt wie heute."

„Kurze Zeit danach, als die Sommersaison zu Ende war, ist sie dann auch abgereist. Am Abend zuvor sind wir uns wie zwei flüchtige Bekannte auf dem Marktfest in Prien begegnet. Sie tanzte ausgelassen mit dem Holler Andreas, dem Hallodri. Ich hab mich an dem Abend ziemlich volllaufen lassen. Die Gundel hatte sich zu mir gesetzt und mir schöne Augen gemacht. Und ich bin aus lauter Wut darauf eingegangen. Nur, um der Katharina eins auszuwischen. Ich bin dann irgendwann sturzbesoffen nach Hause gegangen.

Katharina ist erst im Morgengrauen heimgekommen, kurz bevor ihr Zug ging."

Nachdenklich starrte Anton auf die Tischplatte. Sein Atem ging schwer.

„Es hieß, sie habe sich mit dem Andreas bis spät in die Nacht hinein amüsiert."

„Ein gutes Jahr später ist ja dann mein Vater überraschend gestorben. Am Tag vor der Beerdigung habe ich Katharina dann wiedergesehen. Sie war mit ihrer Mutter da und", Anton atmete schwer, „ mit einem kleinen Mädel auf dem Arm."

„Daran kann ich mich erinnern“, warf Annemarie ein.

„Sie waren zwei Wochen hier. Wir haben uns auch wieder ein wenig angenähert. Über das, was geschehen war, haben wir nicht gesprochen. Es ergab sich einfach nicht. Immer, wenn ich dachte, es sei der richtige Moment, war die Gundel da. Die hat uns nie aus den Augen gelassen.“

„Daraufhin ist Katharina wieder jedes Jahr in den Ferien mit der Kleinen hier gewesen. Das Mädchen ist mir sehr ans Herz gewachsen.“ Nach einer kurzen Pause: „Wie mein eigenes Kind.“ Die letzten Worte schwangen bedeutungsvoll nach.

Anton sprach nicht weiter und Annemarie wagte nicht, ihm diese eine Frage zu stellen, die so erdrückend schwer im Raum stand.

„Das ging so weiter, bis die Kleine sieben Jahre alt war. Und dann, von heute auf morgen, waren sie verschwunden aus meinem Leben. Weg. Ich habe sie nie mehr wiedergesehen und nichts von ihnen gehört. Meine Briefe wurden nicht beantwortet. Als meine Mutter starb, ist sie nicht zur Beerdigung gekommen, hat keinen Beileidsbrief geschickt. Nichts.“

„Ich weiß nicht, wie viele Briefe ich ihr geschrieben habe. Keinen einzigen hat sie beantwortet. Einfach weg war sie, Stille war, als wenn es die beiden nie gegeben hätte. Kein Lebenszeichen ist von ihr gekommen, kein Anruf, der irgendetwas hätte erklären können. Ich habe versucht, sie telefonisch zu erreichen, aber es kam immer wieder die gleiche Ansage: ‚Kein Anschluss unter dieser Nummer'."

„Ich habe mich dann in meine Arbeit gestürzt. Die Gedanken an Katharina, das Kind und die Ungewissheit haben mich schier zerrissen."

Anton war die Anstrengung anzusehen, die Erinnerung und das Sprechen darüber fiel ihm sichtlich schwer.

„Die Gundel, die damals schon bei mir in Stellung war, hat alles getan, um mir gut zu sein. Ganz besonders in dieser schweren Zeit. Sie war die einzige, die damals für mich da war. Darum habe ich sie auch später geheiratet. Dass sie keine Kinder bekommen konnte, hat sie mir erst lange nach der Hochzeit gestanden."

Anton machte eine Pause, er atmete schwer.

„Warum hast Du mir nie davon erzählt?", fragte Annemarie leise.

„Weil ich doch selbst nicht damit klargekommen bin. Ich konnte mit niemandem darüber reden. Außerdem warst Du zu der Zeit gerade erst zurückgekommen und hattest Deine eigene Familie gegründet."

Beide hatten ihren Kuchen nicht angerührt. Annemarie schwieg, sie wollte ihren alten Freund nicht drängen, der allem Anschein nach noch nicht fertig war mit seiner Erzählung.

Noch einmal zog Anton kräftig an seiner Zigarre und schaute dem aufsteigenden Rauch nach.

Annemarie war so angespannt, dass sie nicht einmal protestierte und tapfer den Qualm ignorierte.

„Weißt", fuhr Anton fort, „ich habe mir vorgenommen, jetzt auf meine alten Tage, Ordnung in meine Angelegenheiten zu bringen."

In den letzten Jahren spürte er zunehmend sein Alter. Das Herz wollte nicht mehr so kräftig schlagen wie früher. Der Zucker zwang ihn, auf seinen geliebten Schweinsbraten mit Knödel, seine tägliche Maß Bier und auf Annemaries sehr geschätzten, selbst gebackenen Apfelkuchen zu verzichten.

Selbst das Zigarrenrauchen wollte ihm der Hausarzt verbieten. Aber darauf wollte er sich auf keinen Fall einlassen. Hin und wieder genehmigte er sich heimlich einen Stumpen.

Er konnte sich jedoch nichts vormachen. Allein kam er in dem großen Haus immer schlechter zurecht, es wurde ihm zusehends zu viel.

Was ihn jedoch viel mehr belastete, war die Last auf seiner Seele, die Fragen und die Ungewissheit, die sich nach so langer Zeit immer stärker bemerkbar machten. Das musste er endlich klären und ins Reine bringen. Erst dann konnte er sich um die anderen Dinge kümmern.

„Ich habe begonnen, die alten Papiere zu ordnen, wegzuschmeißen, was kein Mensch mehr braucht, mein Testament zu schreiben und was halt alles so dazugehört, wenn man spürt, dass die Zeit endlich ist."

Annemarie wollte protestieren, etwas entgegnen in der Art: „So alt bist Du ja schließlich auch noch nicht." Sie unterließ es aber, denn sie spürte, dass es Anton sehr ernst war.

„Ich habe auf dem Dachboden in einer großen Truhe, die noch von der Gundel stammt, eine alte Schachtel entdeckt. Dort habe ich all meine

Briefe an Katharina, fein säuberlich verschnürt, gefunden. Und Briefe von Katharina an mich.“

Beschwerlich stand Anton auf und verließ ohne ein Wort den Raum. Die verdutzte Annemarie nahm die Kuchengabel und schob sich ein großes Stück Apfelkuchen in den Mund. Irgendwie wusste sie mit der angespannten Situation nicht umzugehen. Und Essen hatte ihr in solchen Situationen immer ganz gut geholfen.

Noch ehe sie sich ein zweites Stück in den Mund stecken konnte, erschien Anton mit der alten Schachtel unter dem Arm, die sie vorhin schon auf seinem Schreibtisch hatte stehen sehen. Schwer atmend setzte er sie auf dem Küchentisch ab. Die Schachtel war fast voll mit Briefen, die, wie unschwer anhand des vergilbten Papieres zu erkennen war, schon viele Jahre alt waren.

„Die Gundel hat meine Briefe an die Katharina nie abgeschickt. Du weißt, ich habe viel gearbeitet und so hatte sie sich immer gern bereit erklärt, die Post wegzubringen. Dass sie die Briefe niemals abschicken würde, habe ich ihr nicht zugetraut.
Und sie hat wohl auch einige Briefe von der Katharina zurückgehen lassen mit dem Vermerk ‚Empfang unerwünscht'. Das habe ich den Brie-

fen Katharinas entnommen, die Gundel abgefangen hatte."

Anton atmete schwer. Mit zitternder Hand nahm er ein fein säuberlich beschriebenes Blatt Papier, das zuoberst lag und reichte es Annemarie: „Da, lies."

Es fiel ihm nicht leicht, das Geschehene zu begreifen und darüber zu reden. Nie gekannte Gefühle wie ohnmächtige Wut und Verzweiflung machten es ihm schwer, seine Gedanken zu ordnen.

Seine Hand zitterte, als er erneut nach seiner Zigarre griff. Die war zwischenzeitlich verglüht.

Annemarie las schweigend den Brief, den Katharina ihm vor etwa dreißig Jahren geschrieben und den er vor einigen Stunden das erste Mal gelesen hatte: Danach war die Nacht auf der Priener Hütte nicht ohne Folgen geblieben. Das kleine Mädchen war Antons Tochter. Katharina hatte an ihrem letzten Abend in Prien mit dem Andreas nur deswegen so ausgelassen gefeiert, damit Anton nicht merken sollte, wie ihr zumute war. Die Gundel hatte ihr nämlich kurz zuvor im Vertrauen erzählt, sie wäre mit Anton zusammen. Damals, nach der Beerdigung von Antons Vater, hatte Katharina sich fest vorgenommen, es ihm zu sagen. Aber Gundel hatte ihr gesagt, sie wären glücklich und bereits heimlich verlobt. Da hatte Katharina der Mut verlassen, denn sie wollte Antons Glück auf keinem Fall im Wege stehen. Das war auch der Grund, weshalb sie in der Geburtsurkunde des Kindes „Vater unbekannt" angegeben hatte.

Bei ihrem letzten Ferienaufenthalt hatte Gundel sie am Morgen an die Bahn gebracht und ihr eindeutig zu verstehen gegeben, dass sie zukünftig keine Besuche mehr wünschten. Anton und sie würden in Kürze heiraten, das gemeinsame Kind sollte nicht unehelich zur Welt kommen.

Diesem Wunsch folgend hatte Katharina daraufhin schweren Herzens die Besuche eingestellt. Obwohl sie nicht verstanden hatte, dass Anton ihr das nicht selber gesagt hatte. Weil es keine Möglichkeit mehr gab, dies mit ihm persönlich zu klären, hatte sie ihm diesen Brief geschrieben. Außerdem wollte sie im Hinblick auf die gemeinsame Tochter den Kontakt zu ihm nicht ganz abreißen lassen.

Annemarie saß immer noch regungslos am Tisch. Sie wusste nicht, was sie dazu sagen sollte. Die Gundel hatte sie nie gemocht. Dass die Ehe der beiden nicht glücklich war, hatte sie geahnt. Aber dass sie so hinterhältig war, sich ihr Glück auf Kosten anderer zu erschleichen, hätte sie ihr nicht zugetraut. Diese falsche Henne, dachte sie wütend. Über Tote soll man nicht schlecht reden, aber was Gutes kann ich über sie nicht sagen.

„Ich glaub, wir können jetzt beide einen Schnaps vertragen“, abrupt stand Annemarie auf, holte, ohne Antons Antwort abzuwarten, den Selbstgebrannten und zwei Gläser aus dem Schrank. Der Arzt hatte das zwar verboten – aber besondere Situationen erforderten besondere Maßnahmen. Nachdem beide einen Schluck genommen hatten, fuhr Anton nachdenklich fort:

„Alle Briefe hat sie gelesen, die Gundel. Meine und die von der Katharina. Tag für Tag habe ich mich gefragt, was vorgefallen sein konnte, dass sie nichts mehr hat von sich hören lassen. Kein Gruß, keine Nachricht, keine Sommerferien mehr hier bei uns. Manches Mal habe ich mir so das Hirn zermartert, dass mir fast der Kopf zersprungen ist. Ich habe immer wieder nach möglichen Gründen gesucht, vermutet und doch nichts gefunden. Es war ja alles wieder in Ordnung gewesen zwischen uns. Vielleicht hatte ich mich aber doch geirrt. Die Ungewissheit hat mich verrückt gemacht.

Die Gundel hat zu mir gemeint: ‚Die hat sicherlich einen reichen, jungen Mann gefunden und lebt jetzt irgendwo glücklich und zufrieden. Sie wird Dich vergessen haben. Das Leben hier passt jetzt nicht mehr in ihre Welt.' Immer und immer wieder hat sie mir das oder ähnliche Dinge eingeredet, bis ich es irgendwann selbst geglaubt habe."

„Warum bin ich bloß der Sache nie auf den Grund gegangen? Warum habe ich mich nicht einfach auf den Weg gemacht und bin zu ihr gefahren? Verletzter Stolz? Habe ich der Gundel geglaubt? Hatte ich Angst, enttäuscht zu werden, wenn ich irgendeine schmerzliche Wahrheit erfahren hätte?

Wie konnte ich mich nur so beeinflussen lassen?

Ich wusste doch, welch ehrlicher und liebenswerter Mensch die Katharina war. Das passte doch so gar nicht zu ihr."

„Mach Dir doch jetzt keine Vorwürfe, Anton. Das ändert doch auch nichts mehr daran. Schau, wie lang ist das schon her? Warum grämst Du Dich heut noch so sehr?"

„Weil die Katharina mein Leben war. Weil die Gundel mich belogen und betrogen hat. Sie war eifersüchtig, neidisch und geldgierig. Sie hat mir die Freude nicht gegönnt, wenn die Katharina mit dem Kind hier war. Um mein Leben hat sie mich betrogen."

„Um ein Leben mit Katharina und unserer gemeinsamen Tochter", fügte er nach einer Weile leise hinzu.

Anton fiel das Sprechen schwer, die Erinnerung und auch die Erkenntnis, um sein Lebensglück betrogen worden zu sein, schmerzten ihn sehr.

„Aber warum hast Du denn dann die Gundel überhaupt geheiratet?"

„Wie ich ja eben schon sagte. Die Gundel war schon viele Jahre vorher hier auf dem Hof in Stellung und hat auch alles in Ordnung gehalten. Was die Arbeit anging, konnte ich mich auf sie verlassen. Ich wusste schon, dass sie immer die Bäuerin hier werden wollte. Und irgendwann hab ich dann ‚Ja' gesagt. Alleine bleiben wollte ich nicht und nach der Enttäuschung mit der Katharina habe ich auch nicht mehr an die große Liebe geglaubt."

Anton stockte. „Ja, wenn ich es denn nur gewusst hätte ...", fügte er leise hinzu.

Annemarie dachte an Gundel. Dass Gundel hinter Antons Besitz her war, war ihr eigentlich vom ersten Moment an klar. Sie erinnerte sich daran, obwohl es schon ewig zurück lag, dass Anton dringend eine Hauswirtschafterin für den großen Hof brauchte. Zumal auch die Gästezimmer in der Saison ständig ausgebucht waren.

Fleißig war der Anton schon immer gewesen. Für ihn allein war die Arbeit jedoch zu viel geworden.

Als er das Anwesen von seiner Mutter übernommen hatte, nahm er sich vor, das Erbe zu achten, das Geld zusammenzuhalten und das Vermögen zu mehren. Besonders vor dem Hintergrund seines geheimen Traums, irgendwann mit Katharina ein gemeinsames Familienleben zu führen.

Als Katharina aus seinem Leben verschwand, arbeitete er tagaus, tagein, von früh bis spät, um zu vergessen.

Nur sonntagvormittags ging er nach dem Kirchgang ins Wirtshaus und wenn er heimkam, freute er sich auf ein gutes Essen.

„Ich hab die Katharina nie vergessen. Irgendwann hatte ich mich damit abgefunden. Auch wenn es lange gedauert und sehr wehgetan hat“, fuhr Anton fort. „Seit einigen Monaten, vielleicht liegt es auch am Alter, denke ich viel über mein Leben nach. Da kamen auch die Erinnerungen wieder zurück - an Katharina, an ihre kleine Tochter, an die glücklichste Zeit in meinem Leben.“

„Ich wüsste so gern, was aus den beiden geworden ist. Jetzt, wo ich die Briefe gefunden habe, ist die alte Sehnsucht auch wieder da. Und wo ich doch jetzt weiß, dass ich eine Tochter habe“, sagte er leise, mehr zu sich selbst.

„Was würdest Du an meiner Stelle tun?“, fragte er ganz unvermittelt die verdutzte Annemarie und schaute sie fragend an.

„Wie meinst Du das, Anton?“

„Würdest Du alles belassen, wie es ist, oder würdest Du wissen wollen, wie es ihnen ergangen ist?“

„Und nach ihnen suchen?“, fügte er nach einer kurzen Pause hinzu.

„Ich kann Dir so spontan keine Antwort geben“, sagte sie nachdenklich, während sie das Geschirr abräumte und den Kuchen abdeckte, den sie kaum angerührt hatten.

„Lass uns mal eine Nacht darüber schlafen. Morgen ist ein neuer Tag. Dann setzen wir uns noch mal zusammen. Ich brauch ein wenig Zeit, um über alles nachdenken und Dir einen guten Rat geben zu können."

„Gute Idee. Hab Dank, dass Du mir zugehört hast. Gute Nacht Annemarie."

„Gute Nacht Anton."

Es dämmerte bereits, als Annemarie das Haus ihres alten Freundes verließ.

## Köln

Sonja kämpfte immer noch mit hohem Fieber.

Sie zwang sich abermals aus dem Bett, um Piu Futter zu geben und sich anschließend ein wenig frisch zu machen.

Das Bettzeug war durchgeschwitzt. Ihr blieb nichts anderes übrig, als es trotz schlotternder Knie neu zu beziehen.

Danach war sie heilfroh, als sie am ganzen Körper zitternd und völlig fertig wieder in ihrem Bett lag.

Hoffentlich geht es mir morgen besser, sinnierte sie, misstraute jedoch ihren eigenen Gedanken.

Erschöpft fiel sie in einen unruhigen Schlaf. Mitten in der Nacht schreckte sie hoch im Glauben, den Wecker gehört zu haben. Rasende Kopfschmerzen ließen sie sogleich wieder auf ihr Kissen sinken. Wie soll ich bloß nachher zur Arbeit kommen? Das schaffe ich nicht, dachte sie noch und schlief bereits wieder ein. Sie träumte, dass sie im Nachthemd in der Kanzlei erschien, dass Rechtsanwalt Schöne sie beschimpfte, zu spät zu kommen, und davon, wie sich Frau Kötter über ihren Auftritt lustig machte. Sie wollte raus aus dem Büro, um sich umzuziehen, aber irgendjemand hielt von außen die Türe zu.

Schweißnass wachte Sonja auf. Ihr Kopf glühte. Mühsam schaltete sie die Nachttischlampe an und suchte nach dem Thermometer.

39,8° Celsius. Es war drei Uhr nachts. Ich schaffe es nicht, nachher ins Büro zu gehen. Was soll ich denn sagen, warum ich nicht kommen kann? Auf die Idee, dass die schwere Grippe Grund genug und sie deshalb nicht in der Lage war, zu arbeiten, kam sie gar nicht. Zu sehr war sie bemüht, es allen recht zu machen, nicht anzuecken, um nicht noch mehr Probleme an ihrer Arbeitsstelle zu bekommen.

Das Fieber wütete in ihrem Körper. Die Wirkung der rezeptfreien Medikamente reichte nicht aus, um die Invasion der Krankheitserreger unter Kontrolle zu bringen, geschweige denn, sie zu vernichten. Unter anderen Umständen hätte sie das Fieber gewähren lassen und auf die Selbstheilungskräfte ihres Körpers, Wadenwickel und die Verwendung geeigneter Heilkräuter vertraut. „Zum Gesundwerden braucht es einen Holunderbusch und ausreichend Zeit“, pflegte Emma, ihre Großmutter, immer zu sagen, wenn Sonja als Kind trotz schwerer Erkältung oder einmal gar beginnender Lungenentzündung nicht im Bett zu halten war. Die Großmutter hatte fast alles mit alternativen Heilmitteln aus ihrer Kräuterapotheke behandelt. Meistens mit Erfolg!

War es die Fürsorge der Oma oder die Wirkung der Naturrezepturen, Sonja war dank ihrer Behandlung stets recht schnell genesen. Aber jetzt reichte dazu die Zeit nicht mehr. Sie musste in wenigen Stunden an ihrem Arbeitsplatz sitzen.

Die Erschöpfung ließ sie erneut in einen unruhigen Schlaf sinken.

Im Traum lief sie der Straßenbahn hinterher, die ihr gerade vor der Nase weggefahren war. Sie wollte auf keinen Fall zu spät im Büro erscheinen. Schon gar nicht am Montagmorgen. Sonja rannte und rannte, doch die Bahn war schneller. Laut schrillte die Klingel der nachfolgenden Bahn, lauter und immer lauter. Sonja schreckte hoch, brauchte einen Moment, um zu realisieren, wo sie war und woher das Geräusch kam. Im Wohnzimmer schrillte das Telefon. Immer und immer wieder. Laut und durchdringend wie eine Alarmglocke.

Schlaftrunken rappelte sie sich auf und wankte durch den Flur. Der Schwindel war so heftig, dass sie sich an der Wand entlangtastete.

Noch ehe Sonja sich am Telefon ordnungsgemäß melden konnte, hörte sie am anderen Ende der Leitung Frau Kötter vorwurfsvoll fragen, wann sie denn gedenke zur Arbeit zu kommen. Es sei bereits 8.30 Uhr!

Völlig benommen antwortete Sonja, sie habe eine schwere Erkältung und das ganze Wochenende im Bett gelegen.

„Das war nicht meine Frage, liebe Kollegin", warf Frau Kötter unfreundlich ein. „Wie lange brauchen Sie, bis Sie hier sind?"

„Ich beeile mich. Bis gleich", stammelte sie überrumpelt und legte den Hörer auf.
Sonja ärgerte sich über sich selbst. Warum habe ich nicht gesagt, dass ich heute nicht kommen kann? Dass ich richtig krank bin. Immer lasse ich mich von anderen herumkommandieren und bestimmen. Wie soll ich denn den Tag überstehen, so elend wie ich mich fühle. Ihr Herz raste, ihr war schwindelig und eine heftige Übelkeit stieg in ihr auf.

Mit zitternden Knien setzte sie sich im Wohnzimmer auf das Sofa und dachte verzweifelt darüber nach, was sie jetzt machen sollte. Da nutzte kein unverschämtes Auffordern ihrer

Kollegin, kein guter Wille ihrerseits; sie war heute nicht in der Lage zur Arbeit zu gehen.

Bei dem Gedanken, in der Kanzlei anzurufen und sich krank zu melden, wurde ihr richtig elend.

Eine ganze Weile überlegte sie und versuchte, sich eine passende Erklärung zurechtzulegen. Leise übte sie, ihre Aussage überzeugend und mit fester Stimme vorzutragen.

Sie war so befangen, dass es ihr gar nicht in den Sinn kam, einfach nur mit Nachdruck klarzustellen: Ich habe eine schwere Erkältung mit hohem Fieber und kann deswegen nicht arbeiten.

Je länger ich warte, desto schwerer fällt es mir. Bringe ich es hinter mich, dachte sie, nahm mit schweißnassen Händen den Hörer in die Hand und wählte die Nummer des Büros. Frau Kötter meldete sich erstaunt.

„Gibt es noch was liebe Kollegin", säuselte sie scheinheilig freundlich. „Herr Schöne wartet bereits auf Sie. Sie wissen doch, dass heute eine Menge zu erledigen ist, oder?" Der vorwurfsvolle Unterton in ihrer Stimme war unüberhörbar.

„Es geht mir nicht gut. Ich kann heute nicht kommen. Ich habe immer noch Fieber und ..."

„Das sagen Sie mal dem armen Herrn Rechtsanwalt selbst. Wir wissen nicht, wo uns hier der Kopf steht vor lauter Arbeit. Aber, na ja, wenn Sie so krank sind, dann geht es natürlich nicht“, unterbrach sie Frau Kötter spitz und stellte ohne weiteren Kommentar das Gespräch durch zu Rechtsanwalt Schöne, der sicherlich durch seine offene Bürotür bereits mitgehört hatte.

„Guten Morgen Frau Gärtner. Sie sind krank, höre ich? Was haben Sie denn Schlimmes, dass Sie deswegen nicht zur Arbeit kommen können“, fragte er süffisant, „und sich auch jetzt erst melden können, nachdem Frau Kötter sie ja durch ihren Anruf offensichtlich erst geweckt hat?“
„Das ganze Wochenende habe ich im Bett verbracht. Ich habe immer noch Fieber. Es geht mir wirklich nicht gut.“ Sonja spürte, wie ihre Stimme zitterte.

„Ja, das würde ich auch mal gerne, das ganze Wochenende im Bett liegen. Als Arbeitgeber kann ich mir das nicht leisten“, spottete er am anderen Ende der Leitung.

Beißend stiegen Sonja die Tränen in die Augen.

„Morgen sind Sie aber wieder fit, oder?“, sagte er bestimmt und, ohne ihre Antwort abzuwarten, fügte noch hinzu, „na, dann gute Besserung und denken Sie an die Krankmeldung für heute." Ohne ein weiteres Wort hatte er das Telefonat beendet.

Sonjas Kopf dröhnte. Sie konnte die Tränen nicht zurückhalten. Ihr war so abscheulich zumute. Der gemeine, verletzende Ton ihres Arbeitgebers verstärkte ihr erbärmliches Befinden zusätzlich.

In den drei Jahren hatte sie nicht einen Tag, nicht eine Stunde gefehlt. Sonja hatte so viele Überstunden, dass sie auf der Stelle vier Wochen Urlaub nehmen könnte, um diese abzufeiern.

Sie wurde behandelt wie eine dumme Göre, die froh sein durfte, dass man sie für ihre Arbeit überhaupt bezahlte.

Rücksichtslos und böse war das Verhalten ihr gegenüber. Gerade jetzt, wo es ihr so schlecht ging, wo ihr ein paar freundliche Worte gut getan hätten, setzten diese gefühllosen Menschen ihr absichtlich zu.

Auf dem Weg ins Schlafzimmer liefen ihr die Tränen übers Gesicht. Als sie wieder in ihrem Bett lag, weinte sie bitterlich. Verzweiflung kroch in ihr hoch. So wollte sie einfach nicht weiterleben. Nicht in diesem Büro arbeiten, nicht in dieser Gegend wohnen und sich nicht mit solchen Menschen abgeben müssen.

So sollte ihr Leben aussehen? Keine Freude, keine Freunde, kein Urlaub? Nur arbeiten, sich schikanieren lassen, fremde Schulden bezahlen und keine Aussicht auf Besserung? Sonja hatte das Gefühl, in ein Loch zu fallen, immer schneller, immer tiefer, immer dunkler. Eine Grube, die sich über ihr schloss und sie in eine tiefe Traurigkeit hüllte. Sie sah keinen Lichtspalt mehr und auch keine Möglichkeit, je wieder aus dieser dunklen Trostlosigkeit herauszukommen. Warum auch? Für wen? Es macht alles keinen Sinn mehr.

Es dauerte einige Stunden, bis sie sich halbwegs beruhigt hatte. Wieder ging ihr das Telefonat durch den Kopf. Was hatte Rechtsanwalt Schöne gesagt? Sie solle eine Krankmeldung beibringen? Für diesen einen Tag? Das bedeutete, sie musste sich jetzt anziehen, zum Arzt gehen und dort im Wartezimmer stundenlang warten, um für einen Tag eine Krankmeldung zu bekommen? Viel Zeit zum Ausruhen blieb ihr dabei nicht. Das konnte doch nicht sein Ernst sein. Pure Schikane und Gehässigkeit, die seinen miesen Charakter noch unterstrichen.

Wenn ich doch nur irgend jemanden hätte, mit dem ich reden könnte, irgend jemand, der mir helfen und zur Seite stehen würde, ging es ihr durch den Kopf. Zusammengerollt lag sie mit angezogenen Knien unter ihrer Bettdecke.

Seit ihre beste Freundin Elisabeth, mit der sie seit ihrem achten Lebensjahr befreundet war, vor fast zwei Jahren völlig unerwartet an einer zu spät entdeckten Krebserkrankung verstarb, hatte sie niemanden mehr, mit dem sie so vertraut war wie mit ihr. Elisabeth fehlte ihr sehr. An Tagen wie diesen verstärkte die Erinnerung an sie ihren Kummer noch zusätzlich.

Elisabeth, die immer für sie da war: als ihre Mutter bei dem schrecklichen Verkehrsunfall ums Leben kam, als sie bei ihrer geliebten Großmutter lebte und sich nach deren Tod auf eigene Beine stellen musste. Elisabeth war ihre engste Begleiterin. Die drei liebsten Menschen in ihrem Leben waren nicht mehr da.

Erneut klingelte das Telefon und riss sie aus ihren Gedanken. Nicht schon wieder. Erschrocken quälte sich Sonja aus dem Bett in dem Glauben, die Kanzlei würde sich noch einmal melden.

„Sonnenschein-Apotheke, Thielen. Guten Tag Frau Gärtner. Ich wollte nur nachhören, wie es

Ihnen geht und ob Sie noch irgendetwas benötigen?“ Die freundliche Apothekerin wartete am anderen Ende der Leitung auf ihre Antwort. „Frau Gärtner?“ Sonja versuchte zu antworten. Die aufsteigenden Tränen machten es ihr unmöglich.

Frau Thielen wartete geduldig, bis Sonja sich ein wenig beruhigt hatte. „Es geht Ihnen immer noch nicht besser, oder?“, fragte sie besorgt. „Waren Sie beim Arzt?“ „Nein, ich dachte, ich bekomme das auch so hin. Ich habe das ganze Wochenende im Bett gelegen. Ich habe immer noch hohes Fieber und heftige Kopfschmerzen.

Für heute habe ich mich krank gemeldet. Mein Chef verlangt für diesen einen Tag eine Krankmeldung. Deshalb muss ich sowieso zum Arzt“, fuhr Sonja fort.

„Für einen Tag?“ Frau Thielen fragte erstaunt nach. „Dass Sie es recht ordentlich erwischt hat, hört man sogar durchs Telefon. Wissen Sie was, ich frage bei Frau Dr. Neufahrn nach, ob sie auf dem Nachhauseweg einen Hausbesuch bei Ihnen einplanen kann. Ich habe einen guten Kontakt zu ihr.“

„Ich kenne Frau Dr. Neufahrn nicht und bin auch keine Patientin in ihrer Praxis. Eigentlich bin ich nirgendwo Patientin“, fügte Sonja leise hinzu.

„Dann wird es aber höchste Zeit, dass Sie eine gute Hausärztin bekommen. Entschuldigen Sie, dass ich mich einmische. Ich mache mir schon lange Gedanken über Sie und möchte Ihnen einfach nur helfen. Ich rufe gleich mal bei ihr in der Praxis an. Sie werden sie mögen. Dann kann sie auch gleich mal schauen, was sie sonst noch Gutes für Sie tun kann. Und wenn Sie noch irgendetwas benötigen, rufen Sie mich gerne an. Jederzeit, auch privat. Einverstanden?“

„Ja, einverstanden“, antwortete Sonja leise. Sie fühlte sich zwar überrumpelt, aber auch erleichtert. Endlich nahm ihr jemand die Entscheidungen ab. Die ungewohnte Fürsorge tat ihr gut.

Kurz nach Mittag klingelte es an Sonjas Wohnungstür. Eine attraktive Frau stellte sich freundlich als Frau Dr. Neufahrn vor, die von Frau Thielen empfohlene Ärztin.

Die Herzlichkeit und Wärme, die von ihr ausgingen, taten Sonja gut, sie entspannte sich zusehends. Nachdem sie eingehend untersucht worden war, stand erwartungsgemäß fest, dass der grippale Infekt bis zum nächsten Tag sicherlich nicht auskuriert sein würde. Die Ärztin hielt es für erforderlich, sie in den nächsten

Tagen zusätzlich in ihrer Praxis zu untersuchen. Die Infektion allein habe sicherlich nicht dazu geführt, dass sie so niedergeschlagen sei. Auch ihr schlechter Allgemeinzustand sei dringend abzuklären.

„Ich schreibe Sie jetzt erst einmal für eine Woche krank und sobald Sie können, kommen Sie zu mir in die Praxis. Dann schaue ich Sie mir mal etwas gründlicher an."

„Eine Woche? Das geht nicht! Dann bin ich meinen Job los." Sonja war entsetzt. Allein der Gedanke daran, was sie erwarten würde, wenn sie nach einer Woche wieder in die Kanzlei käme. Eisige Kälte würde ihr entgegenschlagen. Man würde keine Gelegenheit auslassen, sie zu schikanieren. Mehr noch als bisher. Nein, mehr konnte sie nicht aushalten. Es war auch so schon unerträglich genug.

Sonja, die Fremden gegenüber eher reserviert und misstrauisch war, schilderte offen, wer und was ihr bisher das Leben in der Kanzlei so schwer machte. Alles, was sich die letzten Jahre in ihr aufgestaut hatte, sprudelte aus ihr heraus.

Sie schüttete der fremden Ärztin ihr Herz aus. Auch die schreckliche Erfahrung mit ihrem

Lebensgefährten und die daraus resultierenden finanziellen Folgen für sie ließ sie nicht aus.

Frau Dr. Neufahrn hatte ihr schweigend zugehört. Sie behandelte viele Menschen in ihrer Praxis, die immer wieder über Mobbing am Arbeitsplatz berichteten, die mit den zunehmend rücksichtslosen, egoistischen Mitmenschen nicht zurechtkamen. Beängstigend viele Menschen. Ärztin zu sein war ihre Berufung. Sich für die Gesundheit bzw. das Wohl ihrer Patienten einzusetzen, selbstverständlich. Besonders, wenn sie wieder einmal eine Geschichte hörte, wie die von Sonja.

Sie hatte solch üblen Zeitgenossen, die sich dermaßen asozial verhielten, den Kampf angesagt. Seit der Zeit als Assistenzärztin im Krankenhaus, als sie selbst Mobbingopfer wurde und an den beruflichen Belastungen auszubrennen drohte. Frau Dr. Neufahrn kannte das Gefühl und auch den Druck, unter dem ihre Patienten zu leiden hatten.

„Nun machen Sie sich mal keine Gedanken. Ich lasse die Krankmeldung direkt an Ihren Arbeitgeber faxen. Sollte der meine Diagnose anzweifeln, kann er sich gerne mit mir in Verbindung setzen. Ihre Gesundheit ist jetzt erst einmal wichtiger.“ Während sie ein Rezept ausfüllte, sprach sie beruhigend weiter: „Sie legen sich jetzt wieder schön ins Bett. Das Rezept gebe ich gleich bei Frau Thielen ab, die Medikamente werden Ihnen gebracht und morgen Mittag schaue ich wieder nach Ihnen. In Ordnung?“ Die Ärztin lächelte Sonja an und legte ihr ermutigend die Hand auf die Schulter. „Wäre doch gelacht, wenn wir sie nicht wieder auf die Beine bekämen.“

Als Sonja die Tür hinter der Ärztin schloss, fühlte sie sich seltsam erleichtert. Dieser Frau, die sie heute Morgen noch nicht einmal kannte, hatte sie ihr Herz ausgeschüttet. Das erste Mal, dass sie überhaupt jemandem erzählt hatte, wie schwer das Leben für sie zu ertragen war. Frau Dr. Neufahrn schien zu verstehen, was sie so sehr belastete. Frau Thielen hatte wohl auch geahnt, dass sie Probleme hatte. Sie hatte das eine oder andere Mal diskret nachgefragt, wenn sie wieder Schlafmittel und Johanniskrautkapseln kaufte.

Ihrem geschulten Auge war es nicht entgangen, dass Sonja zusehends bedrückter wurde.

**Prien**
am Chiemsee, einige Wochen zuvor:

Annemarie schnitt in ihrem Vorgarten die verblühten Blumen ab. Der kleine Garten war ihr ganzer Stolz. Über viele Jahre hatte sie immer wieder Stecklinge und Ableger gezogen, sich neue Rosenstöcke zugelegt, ein Beet mit außergewöhnlichem Rittersporn angelegt und viele, fast in Vergessenheit geratene Blumen wieder zu neuem Leben, sprich zur Blüte erweckt.

Die tägliche Arbeit im Garten war die reinste Medizin für sie. Ihre hingebungsvolle Pflege sah man dem kleinen Garten an. Autofahrer, die vorbeifuhren, parkten häufig am Straßenrand, um sich die Pracht aus der Nähe anzusehen. Regelmäßig standen Spaziergänger staunend am Holzzaun und machten Fotos.

Ganz in Gedanken hatte sie Anton gar nicht kommen hören und schrak heftig zusammen, als er ihren Namen rief.

„Jesses Maria, Anton, hast Du mich jetzt aber erschreckt. Was schleichst Du Dich denn so an?"

„Ich habe schon vorn am Zaun Deinen Namen gerufen, aber Du hast mich nicht gehört. Ich wollte fragen, wann Du noch mal Zeit und Lust hast, unser Gespräch fortzuführen?“

„Gleich, wenn Du magst. Ich hol nur grad was Kühles zum Trinken aus dem Haus. Setz Dich derweil schon mal rüber.“ Annemarie deutete auf die kleine Sitzecke zwischen den Blumenbeeten unter dem großen Apfelbaum.

Jedes Jahr, sobald es wieder wärmer wurde, standen dort eine Gartenbank, zwei Stühle und ein Tisch. Sie hatte eine hellblaue Decke aufgelegt und den Schirm aufgespannt. So war es möglich, jederzeit eine kleine erholsame Pause im Schatten einzulegen.

Annemarie stellte ein Tablett mit zwei Gläsern, eine Karaffe Holundersirup und einen Krug mit kühlem Wasser aus dem eigenen Brunnen auf den Tisch. Als sie noch einen Teller mit frischem Obst dazugestellt hatte, legte sie das Tablett auf die Bank und setzte sich Anton gegenüber an den Tisch.

Er sah schlecht aus. Der alte Mann wirkte müde und erschöpft. „Ich habe die ganze Nacht kein Auge zugetan“, begann er das Gespräch, „mir ist alles wieder und wieder durch den Kopf gegangen und ich bin zu einem Entschluss gekommen: Ich werde nach der Katharina suchen.

Sonst komm ich nimmer zur Ruh."

„So was Ähnliches hab ich auch schon mal gedacht. Seitdem kreisen meine Gedanken immer wieder um das, was Du mir erzählt hast. Ich bin entsetzt und zutiefst erschüttert über das, was Dir widerfahren ist, und habe eine arge Wut auf die Gundel. Sie war eine böse Frau. Das ist die Wahrheit." Annemaries Stimme bebte. Auch sie hatte kaum ein Auge zugemacht. Immer wieder musste sie daran denken, wie ihr alter Freund um sein Lebensglück gebracht worden war von dieser falschen, habgierigen Frau.

Sie schüttete beiden ein wenig Holundersirup in die Gläser, füllte mit dem klaren Wasser auf und trank einen kräftigen Schluck.

„Du musst herausfinden, was aus ihr und dem Kind geworden ist, sonst findest Du keinen Frieden und keine Ruhe." Anton nickte.

„Aber sag, wie willst Du das anstellen, wenn Du keine Anschrift mehr hast? Wer weiß", Annemarie zögerte einen Moment, „wo Katharina abgeblieben ist und ob sie nicht doch geheiratet und einen anderen Namen hat." Die Möglichkeit, dass Katharina vielleicht zwischenzeitlich verstorben sein könnte, wollte sie lieber nicht ansprechen.

„Den Mayerhofer Franz werde ich fragen, ob er mir helfen kann. Er kennt sich doch aus mit solchen Sachen. Schließlich ist er Anwalt und Notar und muss oft genug nach Erben suchen. Ich habe lange genug hingenommen, wie es war, ohne etwas zu unternehmen. Jetzt pressiert's mir. Gleich nachher werde ich ihn anrufen."

„Ein Versuch ist es wert, Anton." Zur Bestätigung legte Annemarie ihre Hand auf die des alten Mannes.

Anton war beseelt von dem Gedanken, die beiden wiederzusehen. Wie mochte Katharina heute leben und die Kleine wohl aussehen? Eine hübsche junge Frau war sie sicherlich geworden. Vielleicht war sie auch bereits verheiratet und hatte Kinder. Dann wäre Katharina, ja, sie wäre dann bereits Oma und er wäre … Opa.

Dass das Leben vielleicht andere Weichen gestellt hatte in den vielen Jahren, die zwischenzeitlich vergangen waren, ließ er in seinen Überlegungen nicht zu.

Noch am gleichen Nachmittag rief Anton seinen alten Freund Dr. Alois Mayerhofer an und bat ihn um ein Treffen. Er bräuchte seinen fachmännischen, aber auch freundschaftlichen Rat, meinte Anton und ließ den Freund mit seiner

Neugierde noch bis zu ihrem Treffen am nächsten Tag im Ungewissen.

Die Glocken der Pfarrkirche Mariä Himmelfahrt läuteten, als Anton pünktlich um 12 Uhr den Gasthof in Prien betrat, wo er sich mit Dr. Mayerhofer zum Mittagessen verabredet hatte.

Anton setzte sich an seinen Stammplatz, bestellte ein Bier und fühlte sich seit langer Zeit wieder rundum wohl in seiner Haut. Er freute sich auf das Gespräch mit seinem alten Freund. Die Aussicht, durch dessen Hilfe eventuell wieder Kontakt zu Katharina zu bekommen oder sie sogar wiederzusehen, ließ ihn seine Altersbeschwerden, wie er sie nannte, völlig vergessen.

Ungefähr fünf Minuten nach ihm betrat auch Alois Mayerhofer das Lokal, hängte seinen Hut an die Garderobe und gab dem Wirt durch Handzeichen zu verstehen, dass auch er ein Weizenbier trinken wollte.

„Servus Anton. Lang ist es her, dass wir beide hier das letzte Mal zusammengesessen haben. Ein Jahr bestimmt, oder?“ Der Notar setzte sich zu Anton an den Tisch.

Als auch sein frisch gezapftes Bier vor ihm auf dem Tisch stand, prosteten sich die beiden

Männer zu und nahmen einen kräftigen Zug.

Schweigend saßen sie einige Minuten an dem blank gescheuerten Holztisch. „Also, jetzt erzähl doch mal von Deinem Geheimnis.“ Mayerhofer lächelte Anton schelmenhaft an. Er hatte überhaupt keine Idee, was sein alter Freund Geheimnisvolles mit ihm besprechen wollte.

Mit einem tiefen Seufzer begann sein Gegenüber zu erzählen. Von Anfang an berichtete er ihm die Geschichte, die er wenige Tage zuvor bereits seiner Freundin Annemarie erzählt hatte.

„Ich möchte halt so gern wissen, wie es ihnen ergangen ist, wie es ihnen heute geht und vielleicht kann ich sie sogar noch einmal sehen. Weißt Du, ich könnte dann meinen Frieden machen mit der Geschichte. So oder so. Es hat mich ein Leben lang gequält und jetzt wo ich mich auf dem letzten Stück des Weges befinde …“ Anton sah ihn ernsthaft an, bevor er fortfuhr: „Was meinst Du, kannst Du mir weiterhelfen?“

„Es gibt schon Möglichkeiten, Personen ausfindig zu machen. Aber ganz so einfach ist das nicht, wie Du Dir das vorstellst. Ich will schauen, was sich machen lässt.“ Er nahm einen großen Schluck Bier. „Aber bitte freu Dich nicht zu früh, es kann ja auch sein, dass ich eine Auskunft bekomme, die Dir nicht gefallen wird oder schlimmstenfalls gar keine.“ Er wollte nicht ins Detail gehen, denn auch er hatte, genau wie Annemarie, die Möglichkeit nicht ausgeschlossen, dass Katharina eventuell nichts mehr mit ihm zu tun haben wollte oder vielleicht gar nicht mehr lebte.

„Ich hab einen Mordshunger.“ Der Notar griff zur Speisekarte „Wie sieht es mit Dir aus? Einen Schweinsbraten? Ausnahmsweise?“ Er wollte Anton auf andere Gedanken bringen. Alois wusste zwar, dass der Arzt seinem Freund solche Genüsse verboten hatte, aber heute war ein besonderer Tag. Da gehörten einfach ein guter Braten und ein frisches Bier dazu. Auch Anton war der Meinung, dass dies ein guter Anlass sei, die ärztlichen Ratschläge beiseitezuschieben. Ihm war so leicht ums Herz. Jetzt, wo er seine engsten Freunde eingeweiht hatte und mit der Last der Erinnerungen nicht mehr alleine war. Und? Vielleicht nahm ja alles noch ein gutes Ende.

Die beiden alten Männer genossen sichtlich das gute Essen, das kühle Bier und das Beisammensein in der gemütlichen Wirtsstube.

Als die Kirchturmuhr halb drei schlug, brachen sie auf.

Ein paar Tage später klingelte im Hause Neumeister das Telefon. „ Ja, Anton, was brauchst denn so lange?“, begrüßte ihn sein Freund Alois am anderen Ende der Leitung.

„Ich bin halt nicht mehr so schnell“, antwortete Anton außer Atem. „Komm Du erst mal in mein Alter, lieber Freund“, fügte er scherzhaft hinzu. „Stimmt ja. Du bist immerhin drei Monate älter als ich.“
„Siehst Du, das merkst jetzt schon mit über siebzig Jahren“, lachte Anton. Er war seit dem Treffen mit Mayerhofer wie ausgewechselt. Seine Stimmung war fröhlich, er war gelöster und schien offensichtlich auch wieder Freude am Leben zu haben, trotz seiner zunehmenden Herzbeschwerden, von denen außer ihm und seinem Arzt niemand etwas wusste.

Mayerhofer machte eine kurze Pause:
„Aber, ich ruf eigentlich nicht an, um mit Dir über unser Alter zu sprechen. Ich habe was herausgefunden in Deiner besonderen Angelegenheit.“ Bedächtig und um Anton ein wenig auf die Folter zu spannen: „Willst wissen was?“

Ehe jedoch Anton reagieren konnte, fuhr er fort: „Ich habe die Anschrift von der“, er zögerte einen Moment, „also von Deiner Tochter herausbekommen. Über die Katharina leider nichts.

Aber jetzt haben wir einen Anhaltspunkt, um weiter nachforschen zu können."

Anton brauchte einen Moment, um das Gesagte tatsächlich zu verstehen. „Du meinst, Du weißt, wo die Kleine jetzt ist. Ist sie verheiratet, hat sie Kinder? Nun lass Dir doch nicht alles aus der Nase ziehen."

„Langsam, langsam. Ich weiß nur, dass ‚die Kleine' mittlerweile siebenunddreißig Jahre alt ist und in Köln wohnt. Eine aktuelle Anschrift habe ich auch. Alles Weitere wird sich finden, wenn Du Kontakt mit ihr aufgenommen hast."

Anton war außer sich vor Freude, seine Gefühle konnte er nicht in Worte fassen. „Mir ist ganz schwindelig", sagte er nur, weil ihm nichts anderes einfiel und sich tatsächlich alles um ihn zu drehen schien.

„Jetzt lass das Ganze erst einmal sacken. Ich komm nachher rüber zu Dir und dann überlegen wir, wie es weitergeht. Servus Anton."

„Servus, servus, ja bis später", antwortete er gedankenverloren.

Er hielt den Telefonhörer noch immer in der Hand, da hatte sein Freund längst aufgelegt.

Wie lange er so gestanden hatte, wusste er nicht.

Langsam legte er den Hörer auf und ließ sich schwerfällig in seinen Schreibtischsessel fallen. Auf der Tischplatte befand sich immer noch die Schachtel mit den Briefen von ihm und Katharina, das kleine Foto stand eingerahmt neben seiner Schreibtischlampe.

Wie viele Jahre hatte er die Erinnerung und die Sehnsucht nach Katharina in seinem Herzen getragen? Kein Tag war vergangen, an dem er nicht an sie gedacht hatte.

Jahrzehnte waren verstrichen, in denen er sich immer und immer wieder die gleichen Fragen gestellt hatte. Warum? Wo bist Du? Werde ich Dich wiedersehen?

Jetzt war er so nah dran, Antworten zu bekommen.

Vorhin hatte sich eine große Freude in ihm breit gemacht, jetzt quälte ihn die Ungewissheit. Er hatte Angst vor dem, was kommen würde. Vielleicht gab es Dinge, die er besser nicht mehr erfahren sollte. Vielleicht war die Wirklichkeit nicht die, die er wissen wollte. Vielleicht hatte er sich im Laufe der vielen Jahre eine eigene

Wahrheit, eine eigene Geschichte, eine eigene Realität zurechtgelegt, sich in seinen Illusionen verrannt.

Oder Katharina hatte es gar nicht so schön empfunden, bei ihm zu sein, hier im Chiemgau. Möglicherweise war es auch nur der Zauber einer schönen, lange zurückliegenden Erinnerung. Und warum hatte seine Tochter nie den Kontakt zu ihm gesucht?

Anton blieb noch eine Weile an seinem Schreibtisch sitzen und versuchte, die vielen Gedanken in seinem Kopf zu ordnen. Es gelang ihm nicht.

Sein altes, krankes Herz schlug heftig. „Du solltest jede Aufregung vermeiden, wenn Du noch länger leben willst", hatte sein Arzt ihm noch in der vergangenen Woche gesagt, nachdem er ihn untersucht hatte.

Soll ich jetzt einen Rückzieher machen, wo ich so nah am Ziel bin, die Katharina und meine Tochter noch einmal zu sehen, nur damit ich noch ein, zwei Jahre länger lebe, länger lebe ohne Gewissheit, ohne sie? „Nein! Ich hab`s angestoßen, jetzt will ich es auch zu Ende bringen", sagte er laut und entschlossen zu sich selbst.

Am späten Nachmittag kam wie versprochen Alois Mayerhofer zu Besuch und berichtete Anton noch einmal ausführlich über die Informationen, die er erhalten hatte, und die Möglichkeiten, die sich daraus ergaben.
„Jetzt bist Du dran, alter Freund“, meinte er und schaute Anton nachdenklich an. „Du musst jetzt den nächsten Schritt machen und Dich mit Deiner Tochter in Verbindung setzen. Dann wirst Du schon sehen, wie es weitergeht.“

Nachdem sie sich eine Weile schweigend am Tisch gegenüber gesessen hatten, fuhr Mayerhofer fort:
„Schreibst ihr halt einen kurzen Brief und bittest sie, Dich zu kontaktieren. Und schreib Deine Telefonnummer dazu, die jungen Leute telefonieren heut lieber, als dass sie einen Brief schreiben.“

Er konnte in Antons Gesicht lesen wie in einem offenen Buch. Die Gefühle und Gedanken überschlugen sich in dem alten Mann. Äußerlich wirkte er ruhig, aber innerlich tobte ein heftiger Sturm.

„Soll ich Dir helfen bei dem Brief?“

„Ach was, das kann ich schon allein“, entgegnete Anton gereizt. Er hatte sich nicht vorstellen können, welche Auswirkung sein Ansinnen, Katharina ausfindig zu machen, auf ihn haben würde.

An sie zu denken, sich zu erinnern oder auch davon zu träumen, war die eine Sache; jetzt zu wissen, dass Katharina in greifbare Nähe gerückt war und dass sie eine gemeinsame Tochter hatten, war eine andere.

„Ich glaub, wir trinken jetzt erst einmal einen Schnaps“, meinte er entschuldigend zu seinem Gegenüber und holte die Flasche mit dem Obstler aus dem Wandschrank. Auf die Zigarre verzichtete er jedoch.

„Gehen wir`s an. Gleich morgen werde ich den Brief schreiben.“ Er prostete dem Notar zu und trank den Schnaps in einem Zug. Laut stellte er das leere Glas vor sich auf den Tisch und verlieh so seiner Aussage den entsprechenden Nachdruck. Eventuell auch, um sich selbst ein wenig Mut zu machen.

Am späten Abend verabschiedeten sich die Männer. Anton war fest entschlossen, am nächsten Tag den Brief an seine Tochter zu schreiben. Er nahm noch einmal den Zettel mit ihrer Anschrift in die Hand, den der Notar ihm auf den Tisch gelegt hatte. Darauf standen Vor- und Zuname und eine Kölner Anschrift.

Köln, dachte er, da haben sie auch damals schon gewohnt.

Nach einer kurzen, unruhigen Nacht setzte sich Anton noch vor dem Frühstück an seinen Schreibtisch. Bedächtig schrieb er jedes einzelne Wort, penibel durchdacht. Davon, dass sie seine Tochter war, erwähnte er nichts.

Am späten Vormittag war der Brief nach mehreren Versuchen endlich fertig. Fast andächtig steckte er das sorgfältig gefaltete Blatt Papier in ein Kuvert, klebte es zu und schrieb beinahe liebevoll Name und Anschrift. Zuletzt klebte er die Briefmarke darauf und schaute sich sein „Werk“ zufrieden an.

Nach einer Weile erhob er sich schwerfällig, zog im Flur seinen Janker über, steckte den Brief in die Innentasche und verließ mit dem Stock in der Hand das Haus. Das Gehen fiel ihm heute wieder besonders schwer. Aber die Freude, den Brief gleich einzuwerfen, endlich etwas in Bewegung zu setzen, gab ihm die Kraft, weiterzugehen.

Vor der Haustür strich er Bernie, der wie gewohnt draußen döste, liebevoll über den Kopf und verließ dann das Grundstück in Richtung Post.

„Klong." Das Geräusch der Briefkastenklappe machte ihm bewusst, das der Brief nun endlich auf den Weg gebracht war. Erleichtert begab er sich auf den Heimweg.

Annemarie werkelte wie gewöhnlich in ihrem Vorgarten. Anton ging die wenigen Meter rüber zu ihr, obwohl er sich eigentlich umgehend ein wenig hinlegen wollte. Er fühlte sich körperlich gar nicht gut.

„Ich wollte Dir nur kurz Bescheid geben, dass ich den Brief grad zum Kasten gebracht habe", begrüßte er Annemarie schweratmend.
„Aber Anton, das hätte ich doch für Dich gemacht. Sollst doch nicht so weit laufen", schimpfte sie ihn.
„Nein, nein. Es war mir wichtig, das selbst zu machen." Er zwinkerte ihr zu: „Du weißt schon."
Annemarie lächelte ihn verständnisvoll an.

In den darauffolgenden Tagen wartete Anton ungeduldig auf eine Reaktion. Sei es, dass er dem Briefträger regelrecht auflauerte, sei es, dass er sich in der Nähe des fest installierten Telefons aufhielt.

Zwischen Hoffen und Bangen, freudigem und angstvollem Erwarten, Erschöpfung und Unruhe verbrachte er die Tage. Die schlaflosen Nächte brachten weder Entspannung noch Erholung. Eines Nachts schlief Anton wieder sehr schlecht. Wiederholt wachte er auf. Wenn er endlich wieder einschlief, ließen ihn seine lebhaften Träume nicht zur Ruhe kommen. Immer wieder träumte er von Katharina, wie sie ihm mit dem Kind auf dem Arm zuwinkte. Und wenn er auf sie zuging, waren sie plötzlich verschwunden.

Anton schreckte hoch. Er brauchte einen Moment, um sich zu besinnen. Sein Herz raste. Der Morgen dämmerte bereits.

Er blieb noch eine Weile liegen, dann hielt er es im Bett nicht mehr aus und stand auf.

Langsam ging er ins Badezimmer, um sich zu waschen und anzuziehen. Schwindelig war ihm. „Mach langsam alter Junge", sprach er zu sich selbst, „es drängt doch nichts."

Es kostete ihn erhebliche Mühe, sich fertigzumachen. Aber er schaffte es, sich wie jeden Tag adrett anzuziehen, zog seine Weste über das weiße Hemd und wollte gerade das Bad verlassen, als ihn ein heftiger Schwindel ohne Vorwarnung stolpern ließ. Er stürzte der Länge nach hin und spürte nur einen heftigen Schmerz in seiner Brust, bevor er das Bewusstsein verlor.

## Köln

An jedem Arbeitstag fühlte sich Sonja, als müsse sie zentnerschwere Säcke auf einen nicht enden wollenden Berg tragen. Hatte sie vor Monaten noch das Gefühl, sich an den Wochenenden etwas erholen zu können, war sie in letzter Zeit bereits am Montagmittag wieder völlig erschöpft und ausgelaugt.

Die Kraft zum Wechseln der Arbeitsstelle hatte sie nicht, den Mut zum Risiko auch nicht. Die Angst, vom Regen in die Traufe zu kommen, lähmte sie. Häufig malte sie sich aus, wie es wäre, wenn sie fristlos kündigen würde. Einfach aufstehen, die Arbeit liegenlassen, die Schlüssel hinschmeißen und – gehen.

Sonja stellte in den vergangenen Monaten vermehrt fest, dass nicht nur die Situation am Arbeitsplatz ihr zu viel wurde. Auch die Menschenmengen, wie in der Straßenbahn und im Einkaufszentrum, laute Geräusche, die allgegenwärtige Dauerbeschallung durch die Handytelefonate anderer Menschen, ohrenbetäubendes Musikhören oder volltönende Unterhaltungen ließen sie regelrecht aggressiv werden.

Hinzu kam ihre Wohnsituation. Die gleichbleibende Geräuschkulisse der vor kurzem fertiggestellten, auf acht Spuren erweiterten Autobahn zwang sie, die Fenster geschlossen zu halten. Nach monatelangem Kampf war endlich ein Nachtflugverbot durchgesetzt worden. Jedoch wurde der Fluglärm jetzt durch den Autobahnlärm ersetzt.

Seit geraumer Zeit schlief sie nur noch mit Ohrstöpseln, damit sie wenigstens halbwegs zur Ruhe kam. Bei geöffnetem Fenster schlafen konnte sie nur noch, wenn der Wind sich gedreht hatte oder hin und wieder auch mal Samstagnacht, wenn LKW-Fahrverbot herrschte.

Während der Woche war gar nicht daran zu denken, bei offenem Fenster zu schlafen.

Im Sommer war es besonders unerträglich. Viele der mittlerweile arbeitslosen Nachbarn saßen bis spät in die Nacht auf ihren Balkonen, diskutierten laut, um sich dann mit zunehmendem Alkoholpegel lauthals zu streiten. Gern schauten sie irgendwelche Fernsehsendungen, deren sinnlose Handlungen laut kommentiert oder durch lautes Lachen und Klatschen untermalt wurden.

Erstaunlicherweise schien es außer ihr keinen anderen Bewohner der Wohnanlage zu stören.

Sie konnte es drehen und wenden, wie sie wollte, sie kam hier zu Hause nicht mehr an. Es war nicht mehr der Ruhepol, den sie jetzt dringender brauchte, als je zuvor.

Ich halte diesen ständigen Lärm nicht mehr aus. Immer wieder rede ich mir ein, dass es besser wird, dass es nur vorübergehend ist. Dass irgendwann wieder „normale“ Mieter hier leben werden.

Es ist nicht vorübergehend. Wer will denn hier noch hinziehen? Welche wirkungsvolle Maßnahme kann etwas gegen den zunehmenden Lärm durch die Autobahn und die Flugzeuge ausrichten? Nicht zu vergessen die immense Luftverschmutzung. „Ich kann das alles nicht mehr ertragen“, sagte Sonja leise zu sich selbst.

Ihre gesundheitlichen Probleme nahmen zu, die daraus resultierende Angst, ihren Job zu verlieren auch. Starke Kopfschmerzen ließen sie häufig Flüchtigkeitsfehler machen, was die Situation im Büro nicht erträglicher machte. Das Karussell drehte sich immer schneller. Sonja drehte sich mit, die Chance, noch rechtzeitig abzuspringen, wurde von Woche zu Woche geringer. Sie wurde immer fahriger, empfindlicher.

Sonja empfand immer stärker, dass sie zu dieser Art des Lebens nicht taugte, dass sich ihr Innerstes dagegen sträubte, der Kopf sie jedoch immer wieder erfolgreich zur Ordnung rief.

Die Diskrepanz zwischen dem, was sie fühlte, konnte und brauchte, und dem, was das Leben, die Menschen, der Alltag ihr gaben und von ihr forderten, wurde immer größer. Konnte sie dieser Herausforderung noch lange standhalten?

Der Druck in ihr nahm zu, nahm ihr die Möglichkeiten, klar zu denken oder zu handeln. Sie saß da und wartete auf den Schuss, wie das sprichwörtliche Karnickel vor der Flinte.

Mitten in der Nacht wurde Sonja durch ein lautes Donnern, das durch das geschlossene Fenster drang, aus ihrem unruhigen Schlaf gerissen. Blitze erhellten die Nacht. Ein heftiges Gewitter zog über Köln hinweg. Sie war wohl kurz eingenickt.

Wie häufig in den letzten Monaten hatte sie nachts wachgelegen. Sie hatte sich von einer zur anderen Seite gewälzt. Vergeblich versuchte sie, die Gedanken an die ungeliebte Arbeitsstelle zu verdrängen. Desto mehr sie sich bemühte, an etwas anderes, etwas Angenehmeres zu denken, um so deutlicher sah sie das Bild ihrer verhassten Chefs vor sich. Und desto stärker wurde auch die Unruhe in ihr.

Die Gewissheit, in einigen Stunden wieder ins Büro zu müssen, bedrückte sie so sehr, dass ihr unvermittelt die Tränen in die Augen traten.

Mit einem Ruck setzte sie sich in ihrem Bett auf und schaltete die kleine Lampe auf ihrem Nachttisch an. „Nein“, sagte sie laut während sie aufstand. „Ich will das nicht. Nicht auch noch nachts daran denken. Ich krieg das alles in den Griff. Irgendwann geht’s auch wieder aufwärts“, sprach sie sich selbst auf dem Weg zum Fenster ermutigend zu. Sie erschrak über die Lautstärke ihrer eigenen Worte, die jetzt mitten in der Nacht in dem geschlossenen Raum ungewohnt laut schallten.

Früher hatte sie es sich nicht vorstellen können, in einem geschlossenen Raum zu schlafen. Mittlerweile hatte sie sich mit der Notwendigkeit abgefunden.

Der Grund für diese Maßnahme wurde ihr in dem Moment wieder mit aller Macht deutlich, als sie das Fenster öffnete.

Hatten früher die Bäume den sowieso geringeren Lärm gedämpft, waren diese der Bauwut zum Opfer gefallen. Besonders bei Regen hatte Sonja einmal mehr das Gefühl, auf dem Mittelstreifen der Autobahn zu wohnen.

Den Fenstergriff noch in der Hand drückte sie die Stirn gegen das kalte Fensterglas. Sie konnte die Tränen nicht mehr zurückhalten, die ihr nun übers Gesicht und den Hals hinunterliefen und ihr Nachthemd durchnässten. Sie liefen und liefen. Ihr anfangs fast geräuschloses Weinen ging in ein lautes Schluchzen über. Ein heftiger Weinkrampf schüttelte sie. Bisher hatte sie aufkommende Tränen immer wirksam herunterschlucken können. Sonja hatte sich immer dagegen gewehrt, so heftig zu weinen. Aus Angst, sich in ihrer Traurigkeit zu verlieren.

Zudem wollte sie unbedingt vermeiden, dass Fremde an den geschwollenen Augen sehen konnten, wie schlecht es ihr wirklich ging.

Wie oft hatte sie erlebt, dass auch noch Salz in ihre Wunden gestreut wurde, wenn sie diese nicht sorgfältig verborgen hatte.

Als Elisabeth verstorben war, hatte Sonja schrecklich darunter gelitten, den vertrauten Menschen von einer Minute zur nächsten verloren zu haben.

Wie hatte sie darum kämpfen müssen, wenigstens für die Beisetzung einige Stunden freinehmen zu können. Selbstverständlich wurde über diese Fehlstunden minutiös Buch geführt.

Nach einigen Tagen wies Frau Kötter sie im Auftrag beider Rechtsanwälte darauf hin, dass sie langsam ihre „Trauermine" ablegen solle, ebenso die wenig farbenfrohe Kleidung. Sie solle es mal nicht ganz so übertreiben. Schließlich sei dies kein Bestattungsinstitut. „Und außerdem", fügte sie noch spöttisch hinzu, „sterben müssen wir ja wohl alle mal. Der eine früher, der andere später."

Beinahe hätte Sonja der verhassten Kollegin eine schallende Ohrfeige verpasst. Im letzten Moment besann sie sich jedoch.

Einen kurzen Augenblick dachte sie daran, wie sie morgen früh aussehen würde, an die Kommentare ihrer Chefs und ihrer stets durchgestylten, immer gut gelaunten Kollegin Felicia Kötter.

Es half nichts. Die seit Monaten angestauten Tränen ließen sich nicht mehr zurückhalten. Sonja hatte das Gefühl, jegliche Kontrolle über sich selbst verloren zu haben. Ihr Kummer legte sich wie ein schwerer Mantel auf ihre Schultern, hüllte sie ein und drückte sie nieder. Sie fühlte sich klein, hilflos und alleingelassen.

Wie lange sie weinend am Fenster gestanden hatte, wusste sie nicht. Sie hatte kein Gefühl mehr dafür. Ihr Nachthemd war nass am Hals und auf der Brust. Sonja wischte sich mit den Ärmeln durchs Gesicht, holte ein Taschentuch aus der kleinen Kommode und putzte sich die mittlerweile völlig verstopfte Nase. Sie nahm ein frisches Nachthemd aus dem Schrank und ging fröstelnd durch den dunklen Flur ins Badezimmer. Dort war es wohlig warm.

Kater Piu lag zufrieden schnurrend in der Badewanne und hatte sich seine Schlafstelle durch verschiedene Wäschestücke behaglich ausgepolstert. Normalerweise ärgerte sich Sonja darüber, wenn er die frisch gewaschene Wäsche, die sie über der Wanne zum Trocknen aufgehängt hatte, herunterriss. Aber in ihrer jetzigen Verfassung war sie nur froh, dass er da war. Sein leises Schnurren hatte eine tröstende Wirkung. Auch dann noch, als Sonja bemerkte, dass er auf ihrer Lieblingsbluse lag.

Der Blick in den Spiegel übertraf ihre schlimmsten Befürchtungen. Ihr Gesicht war fleckig und rot, ihre Augen waren bis auf zwei Sehschlitze fast vollkommen zugeschwollen.

Sie ließ kaltes Wasser in ihre Hände laufen und kühlte damit ihr Gesicht. Danach zog sie das frische Nachthemd an. Die Wärme im Bad, das Schnurren des Katers und das Hemd, das so angenehm frisch roch, taten ihr gut. Sie zog ihren Bademantel über, ging in die Küche und machte sich dort Milch mit Honig warm.

Am Morgen versuchte sie sich, so gut es ging, zurechtzumachen und ging widerwillig zur Arbeit. Wie sie erwartet hatte, wurde mit taktlosen Kommentaren bezüglich ihrer verquollenen Augen nicht gespart.

„Na, schon wieder jemand unerwartet verstorben? Wer ist es denn dieses Mal? Der Nachbarshund?“, stichelte Rechtsanwalt Schöne im Vorbeigehen.

Als das zunächst leise Pfeifen in ihrem Kopf immer lauter wurde, ließ sie sich endlich in der Praxis von Frau Dr. Neufahrn einen Termin geben und suchte sie nach Feierabend auf. Nach Abklingen ihrer schweren Erkältung hatte sie sich nicht mehr bei ihr gemeldet.

Sonja hatte Angst vor den Konsequenzen eines eventuell schlechten Untersuchungsergebnisses. Sie spürte, dass sie am Ende war, die Energie, dagegen etwas zu unternehmen, fehlte ihr jedoch.

Frau Dr. Neufahrn freute sich, Sonja zu sehen und begrüßte sie herzlich wie eine alte Bekannte. Als sie mit der Schilderung ihrer bisherigen Beschwerden endete, schaute die Ärztin sie nachdenklich an. „Das schrille Pfeifen in beiden Ohren habe ich erst seit kurzem.“ „Auch nachts?“ „Ja, auch nachts. Meine Ohrstöpsel helfen leider nur gegen Lärm von außen“, versuchte sie zu scherzen.

Nach eingehender Untersuchung wies die Ärztin Sonja mit Nachdruck darauf hin, dass sie auf dem besten Weg in ein Burn-out sei, die Anzeichen seien mehr als deutlich. Zur weiteren Abklärung wollte sie auf jeden Fall zusätzlich ein großes Blutbild und ein Langzeit-EKG machen und sie zur Magenspiegelung schicken.

„Ich würde Sie gerne krankschreiben, um Ihnen die Möglichkeit zu geben, eine intensive Therapie zu machen und mit neuer Kraft darüber nachzudenken, was Sie ändern müssen bzw. können. In Ihrem jetzigen Zustand haben Sie gar nicht die Energie, etwas zu verändern.“

Die erfahrene Ärztin sah Sonja eindringlich an.

Krankschreibung! Auf keinen Fall. Sonja war noch zu gut in Erinnerung, wie sie im Büro nach der Woche Krankschreibung wegen ihrer Grippe empfangen wurde. Nur das Nötigste wurde mit ihr gesprochen und selbst das nicht immer. Daraus resultierende Fehler waren unvermeidlich und wurden selbstverständlich ihr in die Schuhe geschoben. Wochenlang ging das so. Kurz vor der Mittagspause landeten noch „dringende und sofort zu erledigende“ Arbeiten auf ihrem Schreibtisch.

Während Frau Kötter zirpend gemeinsam mit Rechtsanwalt Schöne in seinem gemütlichen Büro eine ausgedehnte Pause einlegte oder ins Feinschmeckerrestaurant ging, kam Sonja kaum dazu, in ihr mitgebrachtes Butterbrot zu beißen.
Die Mittagspausen außer Haus wurden von den beiden meist großzügig ausgedehnt.

In der Kanzlei wurde anschließend ausführlich in ihrem Beisein darüber beratschlagt, welches Lokal derzeit angesagt war und wann man dieses testen wolle.

Rechtsanwalt Schöne zahlte für ein Essen mit Frau Kötter gerne mal eine Rechnung, die Sonjas Monatsgehalt entsprach, während Sonja zum Monatsende auf jeden Cent achten musste.

Ganz bewusst wurde das in Sonjas Gegenwart in allen Details ausgeführt. In solchen Situationen, denen sie nicht ausweichen konnte, wurde es schier unerträglich für sie.

Krankschreiben kam also nicht in Frage, obwohl sie sich danach sehnte, nichts und niemanden zu sehen oder zu hören. Insbesondere niemanden aus der verhassten Kanzlei. Der Gedanke, nach Ablauf einer weiteren Krankmeldung wieder ein Spießrutenlaufen zu erleben, ängstigte sie. Lieber wollte sie weiter die Zähne zusammenbeißen.

„Sie beißen schon viel zu lange die Zähne zusammen und schleifen ihren Körper hinterher, liebe Frau Gärtner."

Mit der von der Ärztin verordneten Einnahme leichter Schlafmittel und Durchführung einer regelmäßigen Physiotherapie zur Stärkung ihres Rückens war sie einverstanden. Das würde ihre Arbeitszeit nicht beeinflussen. Niemand im Büro würde etwas davon bemerken.

„Frau Gärtner, so können Sie auf Dauer nicht weitermachen. Da nutzen auch die besten Medikamente nichts. Ihre Situation muss sich ändern. ‚Sie' müssen sie ändern. Und das können Sie nur, wenn Sie auch die Kraft dazu haben. Denken Sie ganz in Ruhe noch einmal über meinen Vorschlag nach."

Nachdenklich verließ Sonja die Praxis.

Die Ausweglosigkeit ihrer Situation wurde immer deutlicher, ihre Beschwerden auch. Immer öfter ertappte sie sich dabei, dass sie grübelnd vor sich hinstarrte. Das Stolpern ihres Herzens riss sie dabei häufig aus ihren Gedanken.

Desto intensiver sie sich mit ihrem eigenen Leben auseinandersetzte, ihre eigene Situation analysierte, um so stärker drückte die Wahrnehmung der Realität ihre labile Stimmung ins Bodenlose.

Sonja spürte immer deutlicher, dass sie so nicht weitermachen konnte. Die Gespräche und das Verständnis der Ärztin und der Apothekerin machten ihr ein wenig Hoffnung. Eine Lösung für Ihre Probleme fand sie zu diesem Zeitpunkt trotzdem nicht.

Auf jeden Fall wollte sie den Rat der Ärztin beherzigen und sich in der Kanzlei zur Wehr setzen, sollte es ihr zu viel werden. Auf die korrekte, pünktliche Zahlung ihrer Überstunden würde sie bestehen und auch nicht mehr jede Beleidigung kommentarlos hinnehmen.

Ebenfalls hatte Sonja sich fest vorgenommen, den Vorschlag von Frau Dr. Neufahrn zu befolgen und sich auch mal wieder Dingen zu widmen, die sie selbst gerne machen würde.

Es war lange her, dass sie Freude und Energie hatte, ihren Hobbies nachzugehen. Wie lange hatte sie schon nicht mehr gemalt, ein Buch gelesen, alte Rezepte ihrer Großmutter nachgekocht, sich einen schönen Film angeschaut oder ihre Wohnung verschönert? Sie hatte keine Lust und keine Kraft mehr dazu gehabt. Und für wen hätte sie ihre Wohnung hübsch dekorieren sollen? Wenn sie abends nach Hause kam, war sie völlig fertig und froh, frühzeitig ins Bett gehen und die Decke über den Kopf ziehen zu können. Ruhe vor der Welt da draußen zu haben, schien das Einzige zu sein, dass sie noch interessierte.

Es stimmte schon, wenn sie so darüber nachdachte, war sie auf dem besten Weg, sich selbst zugrunde zu richten bzw. zugrunde richten zu lassen. Sie funktionierte nur noch. Lebenswert war dieser Zustand schon lange nicht mehr.

Sie nahm sich fest vor, noch heute damit anzufangen, sich selbst etwas Gutes zu tun.

## Prien

„Herr Neumeister! Können Sie mich hören?“ Aus der Ferne drang eine fremde Stimme an sein Ohr. „Herr Neumeister! Er kommt zu sich“, hörte Anton nun ganz deutlich den Mann sagen. Meinte er ihn?

Er hatte Schwierigkeiten, die Stimme und sein eigenes Befinden einzuordnen. War er tot? Was wollte diese Stimme von ihm? Wie durch Watte, die sich langsam vor seinen Augen auflöste, nahm er das Gesicht des Mannes wahr. „Guten Morgen Herr Neumeister, da sind Sie ja wieder!“, begrüßte ihn der Fremde im weißen Kittel freundlich.

Anton wollte etwas fragen, brachte aber keinen Ton heraus. Der Fremde ahnte wohl, was in ihm vorging. Langsam und deutlich sprach er weiter: „Herr Neumeister, Sie sind hier auf der Intensivstation im Kreiskrankenhaus Prien. Sie hatten einen Herzinfarkt und sind gestürzt. Dabei haben Sie sich eine Oberschenkelhalsfraktur rechts zugezogen.“

Die Watte vor seinen Augen war mittlerweile endgültig verschwunden und die Stimme des jungen Mannes war nun klar und deutlich zu verstehen.

„Sie sind bereits seit ein paar Tagen hier, Herr Neumeister. Ihre Nachbarin, die Frau Baumgärtner, hat Sie zum Glück rechtzeitig gefunden.“

Fragend schaute Anton ihn an.

„Ich bin der Stationsarzt. Staudacher ist mein Name. Strengen Sie sich jetzt nicht an. In ein paar Stunden können Sie sicherlich auch wieder sprechen. Wir haben Sie künstlich beatmen müssen, da fällt das Reden anschließend schon mal schwer.“

Beruhigend legte er Anton die Hand auf die Schulter. „Machen Sie sich keine Sorgen. Es ist alles wieder gut. Ihr EKG ist in Ordnung, das Bein haben wir operieren müssen, aber in ein paar Tagen können wir dann beginnen, Sie zu mobilisieren.“

Anton versuchte zu nicken, blinzelte aber dann nur zustimmend mit den Augen.

Nachdem der Arzt das Zimmer verlassen hatte, versuchte Anton, sich zu erinnern. Was war passiert? Wie war es zu dem Unfall gekommen? Es wollte ihm partout nicht einfallen. Während er noch krampfhaft versuchte, die bruchstückhaften Erinnerungen zusammenzusetzen, schlief er auch schon wieder ein.

In den kommenden Tagen wurde Anton mit Hilfe von Therapeuten mobilisiert. Er konnte mit Unterstützung sogar schon einige Schritte laufen und kam langsam wieder zu Kräften.

Dank der regelmäßigen Besuche von Annemarie und seinem alten Freund Dr. Mayerhofer schien es ihm auch psychisch recht gut zu gehen. Die Ärzte, seine Freunde und nicht zuletzt er selbst waren ganz zufrieden mit der Entwicklung.

Auch die Erinnerung kehrte langsam und bruchstückhaft zurück.

In der Zeit vor seinem Sturz hatte er sich auf die Suche nach Katharina gemacht, einen Brief an die gemeinsame Tochter geschickt.
Die zeitlichen Zusammenhänge zu rekonstruieren, fiel ihm immer noch schwer.

„Wie lange ist das jetzt her?“, fragte er Annemarie eines Nachmittags. Sie hatten einen kleinen Spaziergang durch den Park der Klinik gemacht und saßen nun in der Sonne auf einer Bank.

„Ein paar Wochen schon“, antwortete sie zögerlich. Denn die nächste Frage wollte sie am liebsten gar nicht hören, geschweige denn beantworten.

„Und? Hat sie schon geantwortet, sich gemeldet? Angerufen vielleicht?“, fragte Anton erwartungsvoll.

„Nein“, flüsterte sie und schüttelte den Kopf.

Es zerriss ihr das Herz zu sehen, welche Wirkung dieses eine Wort auf ihren besten Freund hatte. Er sank regelrecht in sich zusammen. Sein Gesicht veränderte sich von einem Moment auf den anderen. Eben noch blickte er sie zuversichtlich, fröhlich, mit gesunder Gesichtsfarbe an. Jetzt war sein Gesicht fahl und ausdruckslos. In sich zusammengesackt, mit hängenden Schultern, vor sich hinstarrend, schien er an seinem Umfeld kein Interesse mehr zu haben.

Von diesem Nachmittag an machte die Genesung Antons keinen nennenswerten Fortschritt mehr. In Bezug auf die Beweglichkeit und seine psychische Verfassung eher noch Rückschritte.

Er sprach nur noch sehr wenig. Wenn Annemarie ihn anrief oder besuchte, stellte er jedoch regelmäßig die gleiche Frage: „Ist Antwort gekommen?“ Stets musste sie mit „Nein“ antworten.

Die Zeit verging, die Genesung Antons schien zum Stillstand gekommen zu sein. Während seines Aufenthalts im Krankenhaus und auch in der anschließenden Reha hatte Annemarie Haus und Hof versorgt und sich natürlich auch um seine Post gekümmert.

„Herr Neumeister, Sie müssen schon ein wenig mitarbeiten, wenn Sie wieder auf die Beine kommen wollen“, bemerkte die junge Physiotherapeutin. „So wird das nix.“ „Wozu?“, meinte Anton niedergeschlagen, „es hat doch sowieso keinen Sinn. Ob ich nun wieder laufen kann oder ob mein Herz wieder gesund wird. Für wen? Es wartet niemand auf mich, ich habe mein Leben gelebt. Irgendwann müssen wir alle mal gehen.“

In der täglichen Teambesprechung der Rehaklinik, an dem die Ärzte, Schwestern und Therapeuten des Hauses teilnahmen, wurde auch über Anton Neumeister gesprochen. Seit einigen Wochen war er bereits hier. Nennenswerte Fortschritte hatten sich allerdings nicht gezeigt. „Ich glaube, er hat keinen Lebensmut mehr“, meinte die Physiotherapeutin, die ihn am Vormittag noch behandelt hatte. „Herr Neumeister macht nicht mit. Er will nicht. Ich habe heute Morgen wieder den Eindruck gehabt, dass er sehr depressiv ist. Da hilft auch keine manuelle Therapie. Hat er denn keine Angehörigen oder Familie?“

„Nein“, antwortete die Stationsschwester mit einem Blick in die Krankenakte, „eine alte Nachbarin kommt regelmäßig und wohl sein bester Freund. Ein Dr. Mayerhofer. Sonst kommt niemand. Wie mir die Nachbarin, Frau Baumgärtner, erzählte, lebt er allein in dem großen Haus und sie geht ihm schon seit Jahren zur Hand. Bis zu seinem Unfall konnte er sich auch noch einigermaßen gut selbst versorgen. Wenn das so weitergeht, wird er wohl als Pflegefall entlassen werden.“

„Ich spreche auch noch mal mit ihm“, warf der Chefarzt ein, „vielleicht auch mal mit der Nachbarin und dem Dr. Mayerhofer. Den kenne ich persönlich.“

Am Nachmittag besuchte der Arzt Anton auf seinem Zimmer. „Herr Neumeister, Sie machen mir Sorgen.“
„Das braucht`s nicht Herr Doktor. Bin halt ein alter Mann, dessen Zeit langsam abläuft“, antwortete Anton leise.

„Sie wollen doch wieder nach Hause, oder nicht? Wie soll das denn dann funktionieren, wenn Sie selbst nicht auf den Beinen sind?“

„Wird schon irgendwie gehen, sonst gehe ich halt ins Altersheim“, antwortete er mit einem

Blick aus dem Fenster, „wird ja eh nicht lang dauern. Meine Zeit ist abgelaufen.“

„Wenn Sie etwas bedrückt oder Sie über etwas reden wollen, lassen Sie mich rufen. Ich bin immer gern für Sie da Herr Neumeister. Jederzeit!“, verabschiedete sich der Arzt. Er wollte nicht weiter in Anton eindringen. Dass er sehr niedergeschlagen und ohne Lebensmut war, war ganz offensichtlich.

Da müssen wir uns wirklich was einfallen lassen, dachte er. Ich werde mich mit den beiden Menschen unterhalten, die ihm nahestehen und dann vielleicht auch mit dem sozialen Dienst überlegen, ob und wie wir ihn nach Hause entlassen können.

Am nächsten Tag ergab sich die Gelegenheit, mit Frau Baumgärtner zu reden, die ihm auf ihrem Weg zu Anton im Flur begegnete.

Er stellte sich kurz vor und bat sie für einen Moment in sein Besprechungszimmer. Dort erklärte er ihr, dass Anton eigentlich längst entlassen werden könnte, sich sein körperlicher Zustand aber immer noch nicht so verbessert hatte, wie es normalerweise nach diesem langen Zeitraum der Fall sein müsste.

„Er hat keinen Lebensmut. Ihn bedrückt doch etwas, oder?“ Der Arzt sah Annemarie fragend an. „Wissen Sie etwas darüber?“

„Ich vermute es“, antwortete sie und hatte ein schlechtes Gewissen, hinter dem Rücken des Freundes mit dem Arzt über ihn zu sprechen.

Um Anton aber zu helfen, erzählte sie die Geschichte von Katharina. Wie Dr. Mayerhofer die Adresse der Tochter ausfindig gemacht hatte, Anton den Brief geschrieben und hoffnungsvoll jeden Tag auf den Briefträger oder irgendeine Reaktion gewartet hatte.

„Bis vor kurzem war auch noch jeden Tag seine erste Frage ‚Ist Post gekommen?‘. Aber seit einiger Zeit fragt er nicht mal mehr danach.“

„Tja, wir müssen Herrn Neumeister über kurz oder lang entlassen. Wie soll es dann zu Hause weitergehen? Er hat eine Andeutung gemacht, dass er bereit sei, auch in ein Altersheim zu gehen.“

„Der Anton? Das kann nicht sein. Niemals. Er hat immer gesagt, dass er zu Hause sterben möchte. In dem Haus, in dem er auch geboren wurde. Was soll denn nun geschehen Herr Doktor?“ Hilflos schaute Annemarie den Arzt an.

„Gern kann ich ihm wie bisher ein wenig zur Hand gehen, aber den ganzen Haushalt, den Garten und was sonst noch dazugehört, kann ich nicht versorgen. Ich habe doch auch mein eigenes Haus. Und wer soll ihm behilflich sein beim Waschen und Anziehen? Das möchte ich nicht machen und er würde es auch nicht zulassen.“ Annemarie senkte verlegen den Kopf.

Die Befürchtung, dass Anton als Pflegefall nach Hause kommen würde und auch keine Aussicht auf Besserung bestand, bedrückte sie sehr.

Nach einigen Gesprächen mit Dr. Mayerhofer, mit Annemarie, dem sozialen Dienst der Reha-Klinik und nicht zuletzt auch mit dem wortkargen Anton wurde entschieden, dass er wieder nach Hause entlassen werden sollte. Die Physiotherapeutin, die täglich zur Verbesserung seiner Beweglichkeit mit ihm üben und trainieren sollte, käme ins Haus, Annemarie würde dem alten Freund weiterhin ein wenig zur Hand gehen. Für den Rest musste eine Kraft eingestellt werden, die ihm bei der täglichen Körperpflege half, das Essen bereitete und den Haushalt in Ordnung hielt. Für den großen Garten fand sich ein rüstiger Rentner. Korbinian Grantler, der zusammen mit Anton in die Schule gegangen war und seinem Nachnamen alle Ehre machte.

Dr. Mayerhofer kümmerte sich zwischenzeitlich darum, eine geeignete Pflegerin zu finden. Über eine Anzeige in der Zeitung hatten sich viele Bewerberinnen gemeldet. Nach ersten Vorstellungsgesprächen hatte sich die Anzahl auf zwei Pflegerinnen reduziert. Seine Wahl fiel auf Ludmilla, eine nicht mehr ganz junge Frau aus Osteuropa. Sie sprach recht gut Deutsch, war selbst verwitwet und hatte bereits in ähnlicher Anstellung gearbeitet. Ludmilla machte einen freundlichen, kompetenten Eindruck und ihre vorgezeigten Referenzen ließen keine Zweifel aufkommen.

Da Anton sehr vermögend war, stellte es finanziell kein Problem dar, die zusätzlichen Hilfen einzustellen.

An einem sonnigen Tag kam Anton wieder zurück nach Hause.

Aber er war nicht mehr der Alte. Niedergeschlagen und in sich gekehrt ließ er einen Tag nach dem anderen verstreichen. Es interessierte ihn nicht, ob es regnete, stürmte oder die Sonne schien. Einzig sein Hund bekam hin und wieder ein paar freundliche Worte zu hören.

Annemarie kam täglich rüber, schaute nach ihrem alten Freund und erledigte die eine oder

andere Aufgabe, die sie schon seit Jahren übernommen hatte.
Sie hatte sich auch fest vorgenommen, Ludmilla auf die Finger zu schauen, irgendwie misstraute sie ihr. Vielleicht lag es an der Ähnlichkeit mit Antons verstorbener Frau. Dass sie recht behalten sollte, ahnte Annemarie zu diesem Zeitpunkt jedoch nicht.

Sie machte sich große Sorgen um ihren alten Freund, der sich immer mehr in sich selbst zurückzog.
An manchen Tagen sprach er kein einziges Wort, starrte vor sich hin und nahm die Mahlzeiten nur widerwillig ein.

So kann das nicht weitergehen, überlegte Annemarie verzweifelt. Er stirbt uns einfach unter den Händen weg vor Kummer. Irgendetwas muss man doch unternehmen können.

Die Sorge um Anton belastete sie und ließ sie nicht zur Ruhe kommen. Eines Nachmittags griff sie beherzt zum Telefonhörer und rief Dr. Mayerhofer an. Sie verabredeten, sich in den nächsten Tagen bei ihm zu treffen. Auch ihm ging der sich ständig verschlechternde Zustand von Anton sehr nahe. Einfach tatenlos zuschauen, wie dieser auf seinen Tod wartete, wollte auch Alois Mayerhofer nicht.

Nach einem ausführlichen Gedankenaustausch kamen sie gemeinsam zu dem Entschluss, Katharina`s Tochter noch einmal anzuschreiben, um nachzufragen, ob sie Antons Brief erhalten und warum sie sich nicht gemeldet habe. Gewiss wolle man sie nicht bedrängen. Wenn sie keinen Kontakt wünsche, wäre dies auch zu respektieren. Aber vielleicht könne sie dem alten Mann seine Lebensfreude zurückgeben und doch einmal ein Lebenszeichen von sich geben. Dr. Mayerhofer stünde ihr für Auskünfte jederzeit auch telefonisch zur Verfügung.

Einen Tag später war der Brief unterwegs nach Köln. Absender war die Kanzlei Dr. Alois Mayerhofer.

## Köln

Sonja hatte erste kleine persönliche Erfolge zu verzeichnen. Sie ließ es nicht mehr zu, dass man sie in der Kanzlei schikanierte. War Mittagspause, nahm sie ihre Sachen und suchte sich im nahegelegenen Grüngürtel eine Bank unmittelbar an einem kleinen See. Dort aß sie ihr mitgebrachtes Butterbrot und beobachtete die wenigen Menschen, die um diese Zeit dort spazieren gingen. Die Anzahl der Überstunden hatte sie drastisch reduziert. Sie machte, bis auf ganz wenige Ausnahmen, pünktlich Feierabend. Die Wochenenden gehörten auch wieder ihr.

Dr. Sommer, der nach wie vor seine Sonntage lieber im Büro mit der Bearbeitung der zahlreichen Akten verbrachte, sollte sehen, wen er für die sonntäglichen Schreibarbeiten fand. Sie würde jedenfalls nicht mehr uneingeschränkt und unbezahlt zur Verfügung stehen.

Ganz langsam wuchs ein neues Selbstbewusstsein in Sonja. Nicht zuletzt durch die Hilfe ihrer Ärztin und durch den zunehmenden privaten Kontakt mit Frau Thielen, der sympathischen Apothekerin.

Sonja begann, ihr Zuhause wieder für sich zu entdecken und zu genießen. Sie bemühte sich, die Wohnverhältnisse außerhalb der eigenen vier Wände zu ignorieren. Der Lärm war zwar nicht so leicht zu verdrängen. Aber sie hatte sich fest vorgenommen, in ihrem Leben etwas zu verändern. Zumindest das, was sie selbst in der Hand hatte. Nicht alles auf einmal, jedoch stetig und langsam, Schritt für Schritt.

Mit den ersten kleinen Veränderungen in ihrer Wohnung veränderte sich auch Sonja.

Sie freute sich jeden Morgen schon darauf, nachmittags nach Hause zu kommen, um weiter an der Umgestaltung ihres Zuhauses zu arbeiten.

Die neu gewonnene Freizeit, die täglich immerhin zwei, wenn nicht sogar drei Stunden ausmachte, bescherte ihr ein ganz neues Lebensgefühl. Zeit, die sie neben ihrem Interesse für die Verwandlung der Wohnung, für ein ausgiebiges Bad, zum Lesen in alten Büchern oder zum Nachkochen ausgesuchter Rezepte aus Großmutters Kochbüchern nutzte.

Die zahlreichen Aufzeichnungen ihrer Oma aus sechs Jahrzehnten waren ihr vor einigen Tagen wieder in die Hände gefallen:
Eine umfangreiche Sammlung verschiedener Bücher, die eigens kreierte Koch- und Backrezepte sowie zahlreiche alte Kochweisheiten

beinhalteten, die Verwendung selbst gezogener und geernteter Kräuter und Pflanzen, ausführliches Heilkräuterwissen, eine genaue Beschreibung über den Anbau von Obst und Gemüse, deren Verwendung und Konservierung, die Selbstversorgung auf dem Lande mit vielen praktischen Hinweisen und Tipps.

Sie hatte ihre zahlreichen Beobachtungen in der Natur zu Ratgebern zusammengefasst unter den Überschriften „Leben mit der Natur im Einklang mit den Jahreszeiten“ und „Der wertschätzende Umgang mit den Gaben der Natur“.

Auch auf einen wertschätzenden Umgang mit ihren Mitmenschen hatte die Großmutter großen Wert gelegt. Obwohl das auch damals nicht immer einfach gewesen sein mochte. Jedenfalls hatte sie diese Erfahrungen humorvoll geschildert, nicht ohne zum Schluss mit dem nötigen Ernst darauf hinzuweisen, dass es immer einen Weg zum friedlichen Miteinander geben sollte.

Das Lesen in den unzähligen handgeschriebenen Büchern von Emma war wie eine Zeitreise in eine zufriedene heile Welt. Ähnlich beglückende Gefühle wie beim Lesen des Landleben-Magazins machten sich breit.

Sonja teilte die Lebenseinstellung ihrer Großmutter. Diese zu leben und umzusetzen, war allerdings in dieser schnelllebigen, manchmal auch lebensfeindlichen Welt, in der sie zwangsläufig leben musste, kaum möglich.

Sonja erinnerte sich an einen ihrer letzten Geburtstage. Sie wollte den Anlass nutzen, um der frostigen Atmosphäre im Büro etwas entgegenzusetzen. Sie war sich sicher, dass kleine Aufmerksamkeiten das Eis auf Dauer schmelzen lassen würden.

Sie hatte sorgfältig nach Großmutters altem Rezept mit ausgewählten Zutaten einen köstlichen Apfelkuchen gebacken. „Apfelkuchen hilft immer, er ist gut für die Seele“ war ein beliebter Spruch ihrer Oma gewesen.

Bei einer Tasse Kaffee mit einem Stück leckerem Kuchen wollte sie endlich einmal ein wenig menschliche Atmosphäre in das Büro bringen.

„Das ist doch wohl nicht Ihr Ernst, oder?“, fuhr sie Herr Schöne an. „Kaffeekränzchen mit Omas Kuchen oder was soll das hier werden? Packen Sie den Kram bloß wieder weg, sonst bring ich ihn persönlich in die Tonne.“

Wie ein begossener Pudel hatte sie damals alles zusammengepackt und am Abend ihren Kuchen wieder mit nach Hause genommen.

Am Donnerstagnachmittag hatte sie seit langer Zeit wieder  Balkonkästen mit blühenden fleißigen Lieschen bepflanzt. Sie hatte ganz vergessen, wie wohltuend der Umgang mit Erde und der zarte Duft der bunten Blumen war. Später betrachtete sie mit einer Tasse duftendem Kaffee vom Sofa aus ihr Werk und konnte ein längst vergessenes Gefühl der Freude verspüren.

So motiviert nahm sie sich fest vor, am kommenden Samstag bereits früh morgens mit einem gründlichen Hausputz zu beginnen.

Freitagnachmittag. Sie hatte pünktlich um 16 Uhr ihre Arbeit beendet und sich damit wie fast jeden Tag, an dem sie pünktlich Feierabend machte, einen zorngeladenen Blick von Felicia Kötter eingefangen.

Ihr „Schönes Wochenende“ wurde nicht erwidert. Erst als Sonja fast die Tür hinter sich zugezogen hatte, hörte sie Frau Kötter boshaft zischen: „Das zahle ich Dir noch heim.“

Wütend zog Sonja die Tür laut ins Schloss. Was sollte das? Diese Frau tat alles, um ihr das Leben so schwer wie möglich zu machen. Besonders, seit sie nicht mehr jede Gemeinheit unkommentiert hinnahm und darauf achtete, pünktlich nach Hause zu gehen.

Sicher, Sonja hatte schon einiges verändert in ihrem Tun, Denken und Handeln. Aber diese ungerechtfertigten Gemeinheiten, diese boshaften Bemerkungen taten ihr immer noch weh.

Sie wollte sich jedoch ihre Freude auf das Wochenende und die Durchführung ihrer Pläne nicht verderben lassen. Auf ihrem Einkaufszettel hatte sie neben einigen Putzmitteln auch die Zutaten für Emmas Apfelkuchen stehen. Sie hatte Lust, es sich am Sonntag wieder einmal richtig gemütlich zu machen. Im Fernsehen hatte sie außerdem die Vorschau auf einen alten Heimatfilm gesehen.

Wie geplant, stand sie am Samstag früh auf, trank gemütlich Kaffee mit Kater Piu auf dem Schoss und machte sich dann zügig an die Vorbereitungen für ihren geplanten Hausputz. Weit öffnete sie die Fenster, rollte die Teppiche zusammen, stellte die Stühle hoch und rückte das eine oder andere kleine Möbelstück von der Wand. So auch das kleine Schränkchen in der Diele.

Überrascht hob sie den verstaubten Brief auf, der dahinter zum Vorschein kam. Absender war ein Anton Neumeister aus Prien. Der Brief war laut Poststempel schon zwei Monate alt und hatte seitdem dort gelegen.

Neugierig öffnete sie den Brief. Noch im Flur stehend las sie hastig die Zeilen, die Anton ihr geschrieben hatte.

Alte Erinnerungen wurden in ihr wach. Sie war damals noch ein kleines Kind, als sie mit ihrer Mutter gemeinsam irgendwo in Bayern Ferien gemacht hatte. Wie oft und wo genau, wusste sie gar nicht mehr und hatte in all den Jahren auch nicht mehr daran gedacht. Sie erinnerte sich, dass ihre Mutter einmal davon gesprochen hatte, aber Details waren ihr nicht mehr im Gedächtnis.

Sie setzte sich mit dem Brief in der Hand im Wohnzimmer zwischen Putzeimer und zusammengerollten Teppichen aufs Sofa und las ihn noch einmal. Ganz in Ruhe. Verschwommen konnte sie sich an ein großes altes Bauernhaus, einen großen Garten und an ein Gesicht erinnern. An Anton?

Die sorgfältig ausgewählten Worte und der freundliche Grundtenor des Schreibens gefielen ihr sehr. So zögerte sie auch nicht, die angegebene Telefonnummer kurzerhand anzurufen.

Gespannt wartete sie darauf, dass am anderen Ende der Leitung jemand den Hörer abnahm. Nichts geschah, der Ruf ging ins Leere.
Sie wollte es später noch einmal versuchen.

Der Inhalt des Schreibens beschäftigte sie so sehr, dass sie sich auf nichts anderes mehr konzentrieren konnte.

Gedankenverloren ging sie zurück in die Diele, um von dort ihren Hausputz zu starten, als ihr plötzlich in den Sinn kam, dass noch einige Kartons ihrer Mutter im Keller standen.

Sie ließ einfach alles liegen und stehen, lief in den Keller und kehrte mit einem großen Umzugskarton in die Wohnung zurück.
Nach dem plötzlichen Unfalltod der Mutter hatte ihre Großmutter schweren Herzens viele Andenken an sie verpackt und sicher aufbewahrt.

Als Sonja viele Jahre später den Hausstand der Großmutter auflösen musste, waren auch diese Kartons in ihren Besitz übergegangen und standen seitdem unberührt in ihrem Keller.

Bisher hatte sie es vermieden, die Kartons auszupacken. Die Erinnerung an das schreckliche Geschehen hatte sie ganz weit weg, im hintersten Winkel ihrer Seele vergraben.

Jetzt wurde sie völlig unerwartet mit dieser schmerzlichen Vergangenheit konfrontiert.

Alben mit Schwarz-Weiß-Fotos, alte Ansichtskarten aus Prien, Salzburg und München, eine silberne Kette mit einem kleinen herzförmigen Anhänger und andere für ihre Mutter sicher wertvolle Erinnerungsstücke kamen zum Vorschein.

Unter anderem auch eine unverschlossene Schatulle aus Holz. Der Deckel war kunstvoll verziert mit einer geschnitzten Abbildung eines großen Bauernhauses am Fuße der Berge.

Im Inneren fand sie ein Bündel alter vergilbter Briefe, die fein säuberlich mit einem Seidenband zusammengebunden waren. Es handelte sich um die Korrespondenz zwischen Anton Neumeister und ihrer Mutter Katharina.

Die an Herrn Neumeister adressierten Briefe waren mit dem Vermerk „Annahme verweigert" versehen und an Katharina zurückgeschickt worden.

Ein mit einem kleinen Schloss gesichertes Tagebuch hielt sie eine Weile unentschlossen in den Händen, bevor sie es zusammen mit den Briefen ungeöffnet wieder zurück in den Karton legte. Zu viele Eindrücke und Erinnerungen brachen über sie herein. Ihr fehlte momentan der Mut, noch weiter in das Leben ihrer geliebten Mutter vorzudringen.

Es war bereits später Nachmittag, als Sonja durch den hungrigen Kater Piu daran erinnert wurde, dass auch sie noch nicht einmal zu Mittag gegessen hatte.

Bevor sie in die Küche ging, wählte sie noch einmal die Telefonnummer, die Anton in seinem Brief angegeben hatte. Abermals hob niemand am anderen Ende ab.

Grübelnd räumte Sonja die Putzmittel weg und schob die Kommode zurück an die Wand.

Sie hatte das Gefühl, sich gedanklich auf einer Zeitreise zu befinden. Fern von dem Alltag im Hier und Jetzt. Zurückversetzt in eine Zeit, die ihr in ihrer Erinnerung nie so aufregend und spannend vorgekommen war, wie in den letzten Stunden. Jetzt, da so viele Fragen auftauchten, auf die sie eigene Antworten suchen musste.

Sie konnte niemanden mehr fragen. Außer vielleicht Anton Neumeister.

Mit einer Tasse Kaffee setzte sie sich wieder ins Wohnzimmer. Der Inhalt des Kartons übte eine starke Anziehungskraft auf sie aus. Sie entdeckte eine kleine Haarsträhne von sich, kunstvoll zusammengerollt in einer zierlichen Schmuckdose, die Lieblingsbrosche ihrer Großmutter, zwischen den Seiten eines alten Gedichtbandes gepresste Stiefmütterchen und Vergissmeinnichtblüten, fein säuberlich umhäkelte Spitzentaschentücher, die goldene Taschenuhr ihres Großvaters. Sie drang immer weiter ein in ihre eigene Vergangenheit. Ein wohliges, längst vergessenes Gefühl von Zuhause, Wärme und Geborgenheit machte sich bemerkbar.

Es war schon spät, als Sonja nachdenklich ins Bett ging.

So viele Jahre hatte sie nicht mehr an Anton gedacht. Sie konnte sich nur undeutlich daran erinnern, wann sie das letzte Mal mit ihrer Mutter über ihn gesprochen hatte.

In den beiden darauffolgenden Tagen versuchte sie immer wieder vergeblich, Anton telefonisch zu erreichen. Merkwürdig, dachte sie, hoffentlich ist ihm nichts zugestoßen. Der Brief ist ja immerhin schon einige Wochen alt. Am liebsten würde ich mich in den Zug setzen und hinfahren. Die ganze Angelegenheit lässt mich nicht mehr los.

Mittwochnachmittag, kurz nachdem sie nach Hause gekommen war, wählte Sonja erneut Antons Telefonnummer. Bereits nach dem dritten Klingelzeichen meldete sich am anderen Ende eine Frau mit osteuropäischem Akzent. Sonja erklärte ihr, dass sie einen Brief von Anton erst vor einigen Tagen gefunden habe und ihn seitdem vergeblich versuche zu erreichen.

„Herr Neumeister ist sehr krank. Er möchte keinen Kontakt zu Ihnen. Bitte stören Sie nicht mehr", sagte sie unfreundlich und beendete das Telefonat ohne eine weitere Erklärung.

Wie versteinert stand Sonja am Telefon. Was hatte das denn zu bedeuten? Ob er vielleicht enttäuscht und verärgert war, dass sie sich die ganze Zeit nicht gemeldet hatte? Er konnte schließlich nicht ahnen, dass sie den Brief erst vor wenigen Tagen gefunden hatte. Und wer war diese Frau?

Das möchte ich ihm eigentlich selbst erzählen und das Missverständnis aufklären. Außerdem soll er doch auch erfahren, wie es meiner Mutter und mir in den vergangenen Jahren ergangen ist. Wenn es ihm nicht wichtig wäre, hätte er doch auch nicht versucht, uns zu finden. Nein, das lass ich so nicht stehen. Ich möchte wenigstens mit ihm telefonieren. Morgen werde ich es einfach noch einmal versuchen und dann schaue ich weiter, dachte Sonja auf dem Weg in die Küche. Während sie ihren Haushalt machte, musste sie immer wieder an den Brief von Anton denken, an die Unterlagen ihrer Mutter, an das Telefonat mit der unfreundlichen Frau.

Seit sie das Schreiben gelesen hatte, kam sie nicht mehr zur Ruhe. Eine nie erlebte Unruhe hatte sie ergriffen. Sie wusste nicht, wie sie diesen Zustand exakter benennen sollte – als wenn eine alte Sehnsucht wach geworden wäre. Eine Sehnsucht nach ...? Ja, wonach eigentlich?

Auf eine Antwort würde sie noch einige Zeit warten müssen.

Ihre tägliche Arbeit in der Kanzlei lenkte sie zwischenzeitlich von dem Thema Anton ab. Hier fiel wie immer mehr Arbeit an, als sie allein bewältigen konnte.

Hinzu kam, dass ihr neues Selbstbewusstsein nicht gerade auf Zustimmung stieß. Frau Kötter wurde zunehmend unfreundlicher, da Sonja sich weigerte, ständig für sie einzuspringen und ihre Arbeit zu übernehmen. Insbesondere dann, wenn sie wieder einmal während der Arbeitszeit zum Friseur oder „eben mal schnell" gemeinsam mit Rechtsanwalt Schöne beim Italiener ein Häppchen zu Mittag essen wollte.

„Wie sehen Sie denn aus", bemerkte Frau Kötter eines Morgens spitz und wandte sich angeekelt in Richtung Rechtsanwalt Schöne, damit auch er einen Blick auf Sonjas Hosenbeine werfen konnte, die im Bereich der Unterschenkel von roten Katzenhaaren bedeckt waren. Wie jeden Morgen war Kater Piu ihr zum Abschied um die Beine gestreift und hatte dabei jede Menge Haare auf ihrer schwarzen Hose hinterlassen. Sonja war stets darauf bedacht, die Katzenhaare zu entfernen. Nur an diesem Morgen war sie spät dran und hatte darüber vergessen, die Spuren abzubürsten.

„Na, haben sie mal wieder ein armes, herrenloses Tierchen vor dem Verhungern retten müssen?", spottete Herr Schöne und warf ihr einen missbilligenden Blick zu.

„Nein, das war mein eigener Kater, charakterlich einwandfrei und liebenswerter als mancher Mensch“, entgegnete Sonja und schaute ihm mit erhobenem Kopf direkt ins Gesicht. Ihr Herz klopfte heftig. Aber das musste jetzt sein.

Sie wandte sich ab, ließ die beiden stehen und ging an ihren Arbeitsplatz.

Martin Alexander Schöne wie auch Frau Kötter waren einen Moment lang stumm vor Erstaunen.

„Ist doch immer das Gleiche mit diesen Leuten. Selbst nicht genug zu essen und dann solch überflüssige Kreaturen durchfüttern.“

Der Anwalt war empört über Sonjas unverschämtes Auftreten. Dass er sich das selbst zuzuschreiben hatte, kam ihm gar nicht in den Sinn. Er mochte es nicht, dass ihm Menschen „dritter“ Klasse, Menschen wie Sonja eben, widersprachen.

Frau Kötter stand wie vom Donner gerührt noch immer im Flur der Kanzlei. Herr Schöne war in sein Büro verschwunden und hatte laut die Tür hinter sich zugeschlagen. Wie konnte sie nur so schnippisch sein? Es geht ihr doch gut hier. Es tut ihr doch keiner was. Frau Kötter war von dem, was sie dachte, tatsächlich überzeugt.

„Sie sollten sich beim Chef entschuldigen, liebe Kollegin.“ Ihre Stimme hatte einen leicht hysterischen Unterton. Sie hatte sich aus ihrer Erstarrung gelöst und war wutschnaubend an Sonjas Platz geeilt. „Sie haben in der letzten Zeit ein sehr merkwürdiges und unkollegiales Benehmen. Das trägt nicht dazu bei, dass hier weiterhin ein gutes Betriebsklima herrscht.“ Sie hatte sich vor Sonjas Schreibtisch aufgebaut.

„Welches gute Betriebsklima meinen Sie?“ Sonja sah von ihrem Bildschirm auf. Ihr Selbstbewusstsein machte gerade einen weiteren Schritt nach vorn.
Noch ehe die verdutzte Frau Kötter irgendetwas erwidern konnte, fuhr Sonja selbstsicher fort:
„In diesem Büro hat noch nie ein gutes Klima geherrscht. Das dürfte ihrer Aufmerksamkeit entgangen sein. Sie sind doch viel zu sehr mit sich selbst und Herrn Schöne beschäftigt. Mich brauchen Sie doch nur, damit ich Ihnen alle Arbeiten abnehme und den Rücken freihalte.“

Sie legte eine kurze Pause ein: „Hier müsste erst einmal ein gesundes Klima vorhanden sein, bevor man es überhaupt stören könnte. Sie entschuldigen mich, ich habe noch viel zu tun, denn ich muss heute pünktlich nach Hause.“ Sie wandte ihren Blick wieder dem Bildschirm zu.

Empört und sprachlos rauschte Frau Kötter aus dem Raum.

Machte Sonja nach außen auch einen ruhigen Eindruck, in ihrem Inneren tobte es. Sie war beeindruckt von der Wirkung ihres Auftritts. Es bereitete ihr richtig Freude, sich zur Wehr zu setzen.

Wie bereits in den letzten Tagen, beendete Sonja auch an diesem Nachmittag wieder pünktlich ihre Arbeit und verließ kurz nach 16 Uhr die Kanzlei.

Die Tür war noch nicht ins Schloss gefallen, als Frau Kötter das Büro von Rechtsanwalt Schöne betrat und empört berichtete, dass Sonja schon wieder Feierabend gemacht habe. Was nahm sie sich heraus, sie einfach inmitten der vielen unerledigten Post sitzen zu lassen? Das durfte so nicht weitergehen. Die wurde ja immer dreister. Damit waren die beiden wieder einmal einer Meinung.

Sonja genoss die eigenen kleinen Fortschritte, die Veränderungen, die sich einstellten. An den äußeren Umständen hatte sich nichts verändert. Durch die erfolgreiche Therapie bei Frau Dr. Neufahrn hatte sie jedoch ihre eigene Einstellung geändert. Dass es ihr zudem auch körperlich besser ging, machte vieles leichter.

Sie hatte sich fest vorgenommen, später doch noch einmal bei Anton Neumeister anzurufen.

Zu Hause angekommen, leerte sie ihren Briefkasten und schaute die Post sorgfältig durch. Seitdem Sonja Antons Brief hinter dem Schränkchen gefunden hatte, ging sie sorgsamer mit ihrer Post um. Zwischen Werbeprospekten steckte der Brief eines Notars aus Prien am Chiemsee.

Mit dem linken Fuß schloss sie die Wohnungstür hinter sich und riss ungeduldig den Brief auf.

Dr. Alois Mayerhofer, Notar aus Prien und langjähriger Freund von Anton Neumeister, bat sie, sich in einer persönlichen Angelegenheit mit ihm in Verbindung zu setzen. Er teilte ihr zudem kurz mit, dass Herr Neumeister sehr krank und eine möglichst zeitnahe Kontaktaufnahme ihrerseits sehr wünschenswert sei.

Sie streifte ihre Schuhe ab. Auf dem Weg zum Telefon zog sie ihre Jacke aus. Kater Piu blieb verdutzt stehen, war er es doch nicht gewohnt, ohne ausgiebige Begrüßung stehen gelassen zu werden.

„Mayerhofer“, meldete sich prompt eine tiefe Männerstimme am anderen Ende der Leitung. Sonja hatte sich, aufgeregt wie sie war, bereits einmal verwählt und den falschen Teilnehmer erwischt.

Freundlich begrüßte sie der Notar, nachdem sie sich vorgestellt hatte, und erklärte ihr noch einmal detailliert den Grund seines Schreibens.

„Der Anton ist ein alter Freund von mir. Er möchte so gern Sie und Ihre Mutter noch einmal wiedersehen.“ Davon, dass Sonja Antons Tochter war, sagte er nichts. Das Telefonat war sehr ausführlich und so erfuhr er dann auch, dass Sonjas Mutter bereits vor vielen Jahren bei einem Verkehrsunfall ums Leben gekommen war.

Sonja erzählte von dem Brief, der hinter die Kommode gerutscht war, von den häufigen, vergeblichen Anrufen und von den Auskünften der vermutlich osteuropäischen Frau am Telefon. Diese Auskunft habe sie doch sehr irritiert. Sie hatte sich allerdings vorgenommen, heute noch einmal bei Anton anzurufen.

„Dass diese Ludmilla Ihnen solch eine Auskunft gibt, kann ich gar nicht verstehen“, meinte Dr. Mayerhofer nachdenklich. Sollte Annemarie mit ihrem Misstrauen gegenüber der Pflegerin doch recht behalten?

„Ist es Ihnen denn möglich, kurzfristig zu kommen?“

„Da muss ich morgen bei meinem Arbeitgeber nachfragen. Sonst komme ich halt über das Wochenende nach Prien.“

„Besser wäre es, wenn Sie sich mindestens eine Woche Zeit nehmen könnten. Die Entfernung ist doch recht groß, da sind dann schon zwei ganze Tage für die An- und Abreise abzuziehen. Klären Sie es auf Ihrer Arbeitsstelle ab und rufen mich morgen noch einmal an. Und noch etwas Frau Gärtner, wenn Sie Fragen haben, wenden Sie sich jederzeit an mich. Sobald Sie mir sagen, wann Sie kommen, werde ich den Anton in Ruhe darauf vorbereiten. Lieber wäre es mir deshalb, wenn Sie bis dahin nicht mehr bei ihm anrufen.“ Und nach einer kurzen Atempause fügte er noch hinzu: „Ich glaube, Sie sollten sich nicht allzu viel Zeit lassen mit dem Kommen. Sie verstehen, was ich meine?“

Sie vereinbarten, am nächsten Tag um die gleiche Zeit zu telefonieren.

Unzählige flüchtige Gedanken jagten Sonja durch den Kopf. So flüchtig, dass sie sie nicht greifen oder gar einordnen konnte. Vom verspätet gefundenen Brief, über die Reise in die Vergangenheit beim Durchstöbern der Kiste, bis hin zu den vielen unbeantworteten Fragen.

Erneut erfasste sie eine seltsame Unruhe: Das dringende Verlangen, an den Chiemsee zu fahren. Ganz besonders nach den Vorkommnissen der letzten Tage. Insgeheim stand ihr Entschluss fest, sie würde auf jeden Fall zeitnah nach Prien fahren. Und wenn die Kanzlei sich auf den Kopf stellen würde. Nicht mal für ein verlängertes Wochenende hatte sie in den vergangenen Jahren Urlaub genommen. Jetzt war es an der Zeit, auch das zu ändern. Wie wichtig diese Entscheidung für ihre Zukunft sein sollte, ahnte Sonja in diesem Moment noch nicht. Aber sie war sich ganz sicher, dass sie das Richtige tat.

## Prien

„Sie kommt“, aufgeregt teilte Dr. Mayerhofer der erstaunten Annemarie am Telefon Sonjas Kommen mit. Ihr gemeinsamer Freund Anton war ahnungslos. Dr. Mayerhofer wollte ihn erst kurz vor Sonjas Eintreffen schonend darauf vorbereiten. Er wollte sicher sein, dass nichts dazwischenkam und die beiden auch tatsächlich aufeinandertrafen. Eine weitere Enttäuschung hätte ihm erheblichen gesundheitlichen Schaden zugefügt.

„Welchen Eindruck hatten Sie von ihr?“, fragte Annemarie aufgewühlt. „Ist sie nett? Warum kommt sie allein, ist die Katharina verhindert?“

“Nein, sie ist vor ungefähr dreißig Jahren bei einem Verkehrsunfall ums Leben gekommen. Die näheren Umstände werden wir erst erfahren, wenn die Sonja hier ist. Eine sehr sympathische Person übrigens. Sie scheint jedoch nichts davon zu wissen, dass der Anton ihr Vater ist. Sonst hätte sie doch anders reagiert.“

Annemarie war betroffen zu hören, dass Katharina tot war. Wie schade. Wie würde Anton auf diese traurige Wahrheit reagieren? Wie würde er überhaupt reagieren, wenn er hörte, dass Mayerhofer und sie hinter seinem Rücken aktiv geworden waren? Und wie, wenn Sonja vor ihm stand? Würde sein krankes Herz die Aufregung überhaupt verkraften?

Anton hingegen wurde immer teilnahmsloser. Er hatte sich in sich selbst zurückgezogen, zeigte kein Interesse mehr an seinem Umfeld, am Tages- oder gar am Weltgeschehen. Nur mühsam konnte Annemarie ihm eine Antwort abringen, wenn sie ihm bei ihren täglichen Besuchen die eine oder andere Frage stellte, um ihn ein wenig aus seiner Isolation herauszuholen.

Er schien entschlossen, nur noch auf seinen baldigen Tod zu warten.

Sie mochte gar nicht mehr gern zu ihm rübergehen. Hilflos mit ansehen zu müssen, wie ihr alter Freund sich vom Leben abwandte, schmerzte sie sehr. Hinzu kam, dass diese Pflegekraft immer mehr das Zepter an sich zu reißen schien.

„Ich mag diese Frau nicht", erzählte Annemarie dem Notar erneut. „Ich werde das Gefühl nicht los, dass die den Anton ausnimmt. Leider habe ich keine Beweise, aber ich irre mich bestimmt nicht", fügte sie trotzig hinzu. „Ich habe mich bei seiner Frau immer wieder selbst gescholten, als ich ihr nicht über den Weg getraut habe, damals. Jetzt hat es sich doch noch nach so vielen Jahren bestätigt, dass ich recht hatte."

„Ich glaube Ihnen Annemarie, vielleicht liegen Sie mit Ihrer Vermutung sogar richtig." Ruhig und bedächtig berichtete er ihr über Sonjas Schilderung, die von Ludmilla am Telefon sehr unfreundlich abgewimmelt worden war.

„Auch das noch", seufzte Annemarie, „bleibt dem armen Anton denn auch gar keine Enttäuschung erspart? Was machen wir denn jetzt?"

„Ich werde versuchen, etwas über diese Frau herauszufinden. Bis wir Genaueres wissen, sollten Sie ruhig weiterhin ein Auge auf sie haben."

„Die Sonja kommt übermorgen. Ich habe ihr ein Zimmer in der Pension Hinrichs gebucht. Und bis dahin kümmern wir uns um die Pflegerin. Dann will ich auch zum Anton gehen und ihn auf den Besuch vorbreiten."

Die beiden verabredeten, niemanden in ihr Vorhaben einzuweihen und ihrem Verdacht gegen die Frau nachzugehen, sich gleichzeitig aber auch auf den Besuch von Sonja vorzubereiten – vor allem den ahnungslosen Anton.

Dass bald das von Anton langersehnte Wiedersehen mit Sonja stattfinden sollte, durfte Ludmilla auf keinen Fall vorzeitig erfahren.

Bereits am nächsten Tag sollte Annemaries Misstrauen neue Nahrung erhalten. Sie war mit dem Fahrrad im Ort unterwegs, als sie in der Nähe der Sparkasse Ludmilla im vertrauten Gespräch mit einem jungen Mann stehen sah. Die Pflegerin überreichte ihm mit einem breiten Lachen einen dicken Briefumschlag. Sie umarmten sich herzlich und er stieg in ein Auto mit fremdem Kennzeichen. Ludmilla winkte ihm noch lange nach.

Auf der Stelle machte Annemarie kehrt, stieg auf ihr Rad und fuhr auf direktem Wege zum Haus von Dr. Mayerhofer, um ihm umgehend ihre Beobachtung zu schildern.

„Die führt doch nichts Gutes im Schilde“, endete sie aufgeregt.

Nach Sonjas Zusage hatte der Notar umgehend die Fahrkarte gebucht und in einer kleinen Pension in Prien ein hübsches Zimmer für sie reserviert. Die Pensionswirtin Hiltrud Hinrichs und er kannten sich schon viele Jahre. Sie trafen sich regelmäßig beim wöchentlichen Stammtisch.

Auch den Anton kannte Frau Hinrichs, seitdem sie es in den 70er-Jahren nach Prien verschlagen hatte. Und seit einigen Wochen „teilten" sie sich sogar den Korbinian Grantler, der in der Pension quasi als Mädchen für alles arbeitete und damit seine Rente ein wenig aufbesserte.

## Köln

Sonja war ziemlich aufgeregt. Sie war nicht sehr reiseerfahren. Viel Zeit zur Vorbereitung ihrer Reise nach Prien hatte sie nicht. Zudem musste sie auch Piu gut unterbringen. Gott sei Dank hatte sie hierfür über den örtlichen Tierschutzverein eine Empfehlung für ein Katzenhotel gefunden und ihren Kater am frühen Abend vor dem Abreisetag schweren Herzens dort abgegeben.

Gerade hatte sie noch einmal alle Fenster kontrolliert, ihre Papiere eingesteckt und war im Begriff das Haus zu verlassen, da klingelte das Telefon.

„Ach, liebe Kollegin. Gut, dass ich Sie noch erreiche“, säuselte Frau Kötter affektiert. „Wir haben ein Riesenproblem hier. Herr Rechtsanwalt Schöne möchte Sie ganz dringend sprechen.“ Ohne ein weiteres Wort wurde das Gespräch an den Rechtsanwalt durchgestellt, der sie weniger freundlich begrüßte. „Gut, dass Frau Kötter Sie noch erreicht hat. Sie müssen Ihren Urlaub abbrechen. Wir haben einen ganz großen Fall hereinbekommen. Der duldet keinen Aufschub. Also, wie schnell können Sie hier sein?“

Sonja spürte, wie ihr übel wurde. Sie hatte sich so auf die Reise, auf Anton und auf die Abwechslung gefreut. Wäre sie doch bloß nicht drangegangen.

„Also, bis gleich. Aber beeilen Sie sich“, hörte sie den Anwalt sagen, der selbstverständlich davon ausging, dass Sonja alles stehen und liegen lassen würde.

„Tut mir leid. Mein Taxi steht schon vor der Tür. Ich möchte den Zug nicht verpassen. Ich werde am Chiemsee erwartet“, hörte sich Sonja sagen.

„Das ist ja wohl das Allerletzte. Sie wissen, dass Ihr Verhalten in der letzten Zeit zu wünschen übrig lässt. Wenn Sie den Job nicht mehr nötig haben, brauchen Sie es nur zu sagen“, drohte ihr Chef auf der anderen Seite der Leitung.

„Herr Schöne“, hob Sonja an und wollte ihm erklären, dass sie seit drei Jahren noch nie Urlaub genommen hatte.

„Ich will mir Ihre Ausreden jetzt nicht anhören. Kommen Sie oder bleiben Sie“, fuhr er sie an und knallte wütend den Telefonhörer in die Halterung.

„Das ist ja wohl unerhört.“ Martin Alexander Schöne stand hinter seinem Schreibtisch und schaute die ihm gegenüber stehende, dümmlich lächelnde Frau Kötter an. „Weißt Du, was die zu mir gesagt hat? Dass ihre Taxe wartet und sie den Zug nicht verpassen möchte. Sie würde schließlich am Chiemsee erwartet. Hat man da noch Töne? Wer soll denn bitte auf die blinde Kuh warten? Ich bin gespannt, ob sie noch kommt oder nicht. Wenn nicht, kann sie sich nach ihrer Rückkehr ihre Papiere holen.“

Frau Kötter sah ihre Felle schwimmen. Wenn Sonja entlassen würde, wäre es sicherlich nicht so einfach, einen adäquaten Ersatz für sie zu finden. Jemand wie Sonja, die sie bisher ganz gut ausnutzen und für ihre Zwecke einsetzen konnte. Sollte dies nicht mehr der Fall sein und sie müsste ihre Arbeit wieder vollständig alleine erledigen, bliebe kaum noch Zeit, sich um die Verbesserung der Beziehung mit Anwalt Schöne zu kümmern. Was wahrscheinlich genauso schlimm wäre, war die Vorstellung, dass gar eine jüngere und attraktivere Frau die Stelle einnehmen könnte. Frau Kötter wollte gar nicht daran denken.

Wenn sie auch nicht auf Sonjas Seite stand, aber die Gefahr, dass das eintrat, was ihr eben durch den Kopf ging, war einfach zu groß. „Aber lieber Martin“, säuselte sie dem zornigen Anwalt entgegen, „dann mache ich halt in der Zeit noch ein paar Überstunden mehr. Das mache ich doch gerne. Gönnen wir ihr doch die Auszeit. Vielleicht backt sie ja danach wieder die gewohnt kleinen Brötchen. Soll ich Dir einen Kaffee machen?“ Und war schon unterwegs, ihrem geliebten Chef mit Kaffee, Keksen und einigen Streicheleinheiten die schlechte Laune wieder zu vertreiben.

Kurz darauf hatte er auch schon genug andere Dinge um die Ohren und dachte nicht mehr an Sonja.

Sonja hatte zitternd den Hörer aufgelegt, ihren Koffer und ihre Tasche genommen, die Wohnungstür abgeschlossen und saß wenige Minuten später im bestellten Taxi. Dr. Mayerhofer hatte ihr ausdrücklich mitgeteilt, dass sie alle Annehmlichkeiten für die Reise in Anspruch nehmen solle, die Kosten würden selbstverständlich übernommen. Normalerweise hätte sie die S-Bahn zum Hauptbahnhof genommen, doch sie hatte ihm versprochen, sich chauffieren zu lassen. Am Bahnhof lag die von Dr. Mayerhofer reservierte Fahrkarte schon für sie bereit:
1. Klasse, Nichtraucher, Ruhezone, Fensterplatz.

Kaum hatte sich der Zug in Bewegung gesetzt, spürte Sonja, wie die Aufregung nachließ. Sie lehnte sich entspannt zurück und ließ die Landschaft an sich vorbeiziehen. Wie schön und unbeschwert konnte das Leben sein.

Sie sah sich in dem 1. Klasse Abteil um. Die Mitreisenden hatten fast alle ein Laptop vor sich stehen, tippten unaufhörlich irgendwelche Texte ein, unterhielten sich leise aber angeregt mit ihren Nachbarn, lasen Finanzjournale oder mitgebrachte Akten durch. Keiner von ihnen lehnte sich entspannt zurück und genoss einfach nur die Fahrt.

Beim ersten Stopp im Bahnhof Frankfurt-Flughafen sah sie Menschen, die über den Bahnsteig hetzten, den obligatorischen Pappbecher mit Kaffee in der einen, das Handy in der anderen Hand. Manche aßen auch ein Sandwich aus dem Automaten, während sie gleichzeitig Musik hörten und Nachrichten in ihr Smartphone tippten.

Kein lächelndes Gesicht. Alle schienen in Gedanken, beschäftigt und in Hektik. Diese Beobachtungen machte sie immer häufiger. Keine Zeit zum Essen, zum Genießen, zur Ruhe kommen, zum Leben. Irgendwie waren die Menschen leer, auf der Flucht, auf der Jagd oder auf der Suche. Wovor? Wonach? Allzeit „to go“: Kaffee, Sandwich, Telefonate, Gespräche, Informationen und nicht zuletzt auch das eigene Leben.

Immer zum Mitnehmen, immer unterwegs, nie ankommen, nichts verpassen, niemals Ruhe.

Die knapp siebenstündige Zugfahrt war interessant, aber auch anstrengend.

Immer wieder musste sie an das unangenehme Telefonat mit ihrem Chef und die unerfreulichen Erlebnisse in der Kanzlei denken.

Ihre Anspannung, Aufregung und Neugierde wechselten sich mit einer freudigen Erwartung ab.

Hin und wieder kehrten bruchstückhaft alte Erinnerungen zurück. Sie glaubte, die Strecke wiederzuerkennen. Ab Rosenheim, als die Berge immer besser zu sehen waren, war sie sich ganz sicher. Und wie in Kindertagen machte sich in ihr eine unbeschwerte Freude breit.

## Prien

Mein Gott ist das schön hier, dachte sie, als sie am offenen Fenster des zauberhaften Pensionszimmers stand und über die Bäume des großen Gartens hinweg auf die Gipfel der Berge schauen konnte. Dr. Mayerhofer hatte sie vor einer Stunde am Bahnhof in Prien abgeholt und sie gleich in die Pension Hinrichs gefahren. Sie hatten sich abends zum Essen verabredet, um alles Weitere in Ruhe besprechen zu können.

Sonja hatte ihren Koffer im Zimmer abgestellt und erst einmal eine erfrischende Dusche genommen. Danach ließ sie sich aufs Bett fallen und schloss die Augen. Was würde in den nächsten Tagen auf sie zukommen? Wie würde die Begegnung mit Anton sein? Wie sollte überhaupt alles weitergehen? Die unangenehmen Gedanken an die Kanzlei mischten sich auch hier wieder dazwischen.

Na gut, jetzt war sie erst einmal hier und musste sich noch ein wenig gedulden, um Näheres zu erfahren.

Die Dusche und die Ruhe hatten ihr spürbar gut getan. Sie zog sich eines der wenigen Sommerkleider, die sie mitgebracht hatte, über, frisierte sich und tuschte ihre Wimpern. Erstaunt betrachtete sie ihr eigenes Bild im Spiegel. Wie gut ihr das türkisfarbene Kleid stand und welche Wirkung doch ein wenig Wimperntusche haben konnte. Ein flüchtiges Lächeln huschte über ihr Gesicht. Sie zog ihre offenen Schuhe an, griff nach der Handtasche und verließ das Zimmer.

An der Rezeption sortierte Frau Hinrichs einige Prospekte. „Mei, fesch schauen Sie aus“, sagte sie in nicht ganz einwandfreiem bayrischen Dialekt und fuhr dann in reinstem Hochdeutsch fort: „Sie können sich gern eines der Fahrräder nehmen und sich ein wenig die Gegend anschauen. Zum See sind es zu Fuß auch nur wenige Minuten. Waren Sie schon mal hier in Prien?“
„Ja, aber das ist schon sehr lange her.“ Um nicht noch weiter gefragt zu werden, wünschte Sonja ihr einen schönen Nachmittag und bedankte sich für den Tipp.

Frau Hinrichs war eine sympathische Mittsechzigerin, mit der sie sich unter anderen Umständen gern länger unterhalten würde, aber nicht jetzt. Sie brauchte die Ruhe, um ihre Gedanken ein wenig ordnen zu können.

Wenig später stand Sonja am Seeufer und schaute hinüber zur nahegelegenen Herreninsel. Sanft strich der Wind durch ihre Haare. Die tiefstehende Sonne zauberte glitzernde, funkelnde Sternchen auf die Kuppen der unzähligen kleinen Wellen. Möwen stritten um ein Stückchen Brot, das eine alte Frau ihnen zugeworfen hatte. Enten watschelten flink aus dem Wasser, um sich ebenfalls ihren Teil zu sichern. Auf dem Grund des flachen Ufers tummelten sich Schwärme kleiner Fische.

Sonja war überwältigt von dem Anblick, von dem Erleben. Sie hielt inne und genoss ganz einfach nur den Augenblick.

Hatte sie jemals so etwas Schönes gesehen?

Ja, Sonntagnachmittag, wenn in einem der dritten Programme eine Dokumentation über das Leben an deutschen Gewässern lief. Dann, wenn sie sich ihrer Bügelwäsche widmete und sich der Kloß in ihrem Hals bei den Gedanken an den kommenden Montag und die verhasste Arbeitsstelle stündlich stärker bemerkbar machte.

Während andere die Sonntage mit ihrer Familie oder mit Freunden verbrachten, blieb sie alleine zu Hause. Ohne es zu merken, war sie immer einsamer geworden.

Sie hatte sich mehr und mehr zurückgezogen in der spärlichen Freizeit, die sie noch hatte.
Hatte sie anfangs die wenigen Einladungen

noch angenommen, so sagte sie im Laufe der Zeit immer öfter ab. Bis letztlich auch niemand mehr anrief und fragte.

Dass sie jetzt hier allein stand und mit niemandem diese Eindrücke teilen konnte, war ihr also nicht fremd. Aber nach langer Zeit wurde ihr bewusst, wie allein sie wirklich und wie betrübt sie über diesen Zustand war.

## Köln

Zur gleichen Zeit surrte in dem Kölner Anwaltsbüro die Hightech-Kaffeemaschine, die Rechtsanwalt Schöne zur Freude von Frau Kötter aus Italien mitgebracht hatte. Einzelstücke des italienischen Designers Fumosi Pastada waren gerade besonders angesagt.

„Dieses Prachtstück war wirklich ein Schnäppchen. Ich habe nur 1200 Euro gezahlt", präsentierte Rechtsanwalt Schöne stolz die nagelneue chromblitzende Maschine. Er hatte sie einem in Not geratenen Kaffeehausbesitzer für einen Bruchteil des tatsächlichen Preises abgekauft. Dass er dem Mann damit die Grundlage nahm, sein Geschäft wieder zu sanieren, rührte ihn nicht.

Mit einem Tässchen Espresso in der Hand bog sich Martin Alexander Schöne vor Lachen. Er hatte Felicia Kötter soeben in allen Farben geschildert, was Sonja als „bayerische Landfrau" tagsüber wohl machen würde. „Unsere graue Maus in einem farbenprächtigen Dirndl beim Melken der Kühe, mit Kopftuch und Gummistiefeln im Stall." Er schüttelte sich vor Vergnügen.

„Damit kann sie nur besser aussehen", zischte Frau Kötter wütend. Sie lehnte lässig am

Schreibtisch und war stinksauer darüber, dass sie nun ihre Arbeit nicht mehr wie gewohnt an Sonja abschieben konnte. Die Zeit, die sie mit Rechtsanwalt Schöne privat verbringen konnte, war nun drastisch eingeschränkt. Es hatte sie viel Einsatz und Energie gekostet, bis der gutaussehende Anwalt ihr endlich aus der Hand fraß. Wenn sie nicht weiter am Ball bliebe, würde er sich sicherlich schnell eine andere Gespielin suchen, die mehr Zeit hatte als sie. Da war sie sich ziemlich sicher.

Sie unterhielten sich während der kleinen Pause noch einmal über Sonjas Verhalten. Das sollte auf jeden Fall Konsequenzen in Form einer Abmahnung haben.

## Prien

Derweil machte sich Sonja auf den Weg, um wie verabredet pünktlich bei Dr. Mayerhofer zu sein.

Auf dem Spaziergang dorthin bewunderte sie die malerischen und teilweise durch Lüftlmalerei geschmückten Häuser mit ihren prächtigen Balkonblumen und blühenden Bauerngärten.

Kurz darauf stand sie vor dem großen alten Haus, in dem der Notar Dr. Alois Mayerhofer wohnte und in dem sich auch sein Büro befand.

Ein zauberhaftes Haus, an dessen kunstvoll geschnitztem Balkongeländer im ersten Stock Blumenkästen mit üppig blühenden Petunien befestigt waren. Im Vorgarten gaben sich alle möglichen Sommerblumen ein Stelldichein. Im Wechsel mit Rosenkugeln der unterschiedlichsten Größe im jeweils passenden Farbton.

Sonja blieb einen Moment vor dem Zaun stehen. Sie erkannte das Haus. Hier war sie als Kind zusammen mit ihrer Oma gewesen. Dort hatten sie jemanden besucht. Aber wen, daran konnte sie sich nicht mehr erinnern.

Mit deutlich klopfendem Herzen drückte Sonja auf den Klingelknopf. Augenblicklich wurde die

Tür von einer freundlichen Frau mittleren Alters geöffnet, deren rundliche Formen durch ein Dirndl noch hervorgehoben wurden.

„Grüß Gott. Frau Gärtner? Der Doktor Mayerhofer erwartet Sie schon. Bitte kommen Sie doch herein.“

Sonja folgte ihr durch den behaglichen Hausflur, nicht ahnend, dass die Karten für ihr Leben bereits neu gemischt worden waren.

Dr. Mayerhofer begrüßte sie freundlich. Sein gebräuntes Gesicht und der saloppe Leinenjanker verliehen ihm etwas Jugendliches.

„Grüß Gott Frau Gärtner. Schön, dass es nun endlich geklappt hat.“ Seine ruhige sonore Stimme und der unüberhörbare bayrische Dialekt nahmen ihr die Anspannung.

Das Wohnzimmer war gemütlich eingerichtet. Vor den großen Sprossenfenstern blühten üppig blau-weiße Petunien.

Der große Kachelofen mit seiner Sitzbank davor trug im Winter mit seiner behaglichen Wärme sicherlich auch seinen Teil zur gemütlichen Atmosphäre bei. Der Holzdielenboden mit den hellen, grob gewebten Wollteppichen knarrte

leise unter ihren Füßen.
„Bitte schön, nehmen Sie doch Platz."

Sonja war jetzt doch ein wenig nervös. Sie hörte gespannt Mayerhofers Schilderungen über Antons Suche nach ihr und ihrer Mutter zu. Über die Einzelheiten, die Anton ihm anvertraut hatte, schwieg er allerdings. Das sollte Anton ihr selbst erzählen. Auch, dass Sonja seine Tochter war.

Die freundliche Haushälterin, Frau König, die ihr auch schon die Tür geöffnete hatte, steckte den Kopf herein und fragte, ob sie servieren könne. Kurz darauf saßen die beiden am gedeckten Tisch und ließen sich das leckere Essen schmecken.

Sie unterhielten sich wie gute alte Bekannte. Sonja stellte Fragen, die Mayerhofer ihr so gut wie möglich beantwortete, sie diskutierten, lachten und unterhielten sich prächtig. Lange Zeit hatte sich Sonja nicht mehr so wohlgefühlt.

Der Abend verging wie im Flug. Sie war ziemlich müde und froh darüber, dass Dr. Mayerhofer sie in die Pension zurückbrachte. Sie hatten verabredet, dass er Sonja am nächsten Tag zu Anton bringen würde. Vorher wollte er ihn schonend auf die Überraschung vorbereiten.

Eine nette Person, dachte Mayerhofer auf seinem Heimweg, ich freue mich schon darauf, meinem alten Freund diesen Herzenswunsch erfüllen zu können. Obwohl, ein wenig unruhig war er schon. Anton ahnte noch immer nichts von der Überraschung.

Obendrein hatte er vorher noch eine unangenehme Mission zu erfüllen. Seine Recherchen hatten ergeben, dass Annemarie sich keineswegs geirrt hatte. Ludmilla war eine Betrügerin. Die Referenzen waren gefälscht, genau wie ihre anderen Papiere. Er hatte so seine Beziehungen und die hatten ihm auch die Information zugetragen, dass Ludmilla versucht hatte, sich dank einer Bankvollmacht, die sie sich unter einem Vorwand erschlichen hatte, das nicht unerhebliche Vermögen Antons unter den Nagel zu reißen.

Nach einer kurzen Nacht war Sonja schon früh wach. Trotzdem fühlte sie sich frisch und ausgeruht. Sie hatte endlich mal wieder bei weit geöffnetem Fenster schlafen können. Eine leichte Brise wehte durch das offene Fenster und spielte mit den blumengemusterten Vorhängen. Das laute Vogelgezwitscher hatte sie anscheinend geweckt.

Langsam stand Sonja auf, als wollte sie die verzauberte Stimmung nicht zerstören.

Während sie am Fenster stand, genoss sie den Blick in den Garten, auf die Berge und die aufgehende Sonne.

Irgendwo im Garten hörte sie eine Frauenstimme leise singen:
„Morning has broken, like the first morning ...“

Schnell sprang sie unter die Dusche und war kurze Zeit später auf der Terrasse, wo bereits zu dieser frühen Stunde der Frühstückstisch gedeckt war. Frau Hinrichs wuselte durch den Garten und summte immer noch die Melodie vom anbrechenden Morgen.

Bei einem ausgiebigen Frühstück, gingen ihre Gedanken immer wieder zurück zum vergangenen Tag und zu dem gegen Mittag geplanten Besuch bei Anton.

Sonja hatte sich, nachdem sie damals alles verloren hatte, mühsam versucht, eine neue Existenz aufzubauen. Sie war jetzt siebenunddreißig und mit ihrem bescheidenen Einkommen konnte sie gerade mal die kleine Wohnung finanzieren, die Katze unterhalten und sich hin und wieder eine Kleinigkeit leisten.

Die Schulden aus der Bürgschaft waren dank größter Sparsamkeit und harter Arbeit bald getilgt, fast alle Gläubiger waren befriedigt. Es war eine schwere Zeit, die hinter ihr lag. Dabei hatte sie einen Panzer um sich und ihre Seele gelegt, damit nichts und niemand sie noch einmal so tief verletzten konnte.

So hatte sie gelernt, sich zu schützen und sich selbst ihr bester Freund zu sein.

Diese unsichtbare Mauer ließ aber auch nur wenige schöne Eindrücke zu ihr durchdringen.

Genau das wurde ihr in diesem Moment, in dem diese wunderschönen Bilder ihre Seele berührten, bewusst.

Den Preis, den sie für ihr Überleben bezahlt hatte, war verdammt hoch.

„Darf ich?“ Gut gelaunt, ihren Kaffeebecher in der Hand, blinzelte Frau Hinrichs sie an.

„Aber gern“, lächelte Sonja und freute sich über ihre freundliche, unkomplizierte Gesellschaft. Sie plauderten ungezwungen miteinander.
Hiltrud Hinrichs erzählt ihr, dass sie vor vielen Jahren mit ihren beiden Kindern, frisch geschie-

den, hierher gekommen sei. „Eigentlich stamme ich aus dem Norden.“

Vor dem Nichts habe sie damals gestanden. Zuerst hatte sie eine Anstellung in der kleinen Pension bekommen und später, als sich die Gelegenheit ergab, dann die Pension übernommen. So war sie stets für ihre Kinder greifbar und konnte trotzdem für den Unterhalt sorgen. „Aus den beiden ist auch richtig was geworden“, fügte sie stolz hinzu. – „ Es war gut so, wie es gewesen ist.“

Frau Hinrichs fuhr fort: „Nie hätte ich mir das träumen lassen, dass ich irgendwann mal hier, fern ab vom Norden, eine eigene Pension haben würde. Ich komme eigentlich aus dem Verlagswesen.“ Sie trank einen Schluck aus ihrem Kaffeebecher. „Aber manchmal hat der Herrgott halt andere Pläne mit uns. Der Mensch denkt, Gott lenkt.“

Sonja vergaß die trüben Gedanken an die Vergangenheit. Im Nu verging die Zeit und ehe sie sich versah, stand auch schon Dr. Mayerhofer auf der Terrasse.

„Einen schönen guten Morgen die Damen“, begrüßte er die beiden freundlich.

„Ja, Alois, komm setz Dich zu uns." Frau Hinrichs freute sich, ihn zu sehen: „Magst Du auch einen Kaffee?"

„Heut nicht, Hiltrud. Ich wollte die Frau Gärtner abholen. Wir fahren doch jetzt zum Anton."

Hiltrud Hinrichs nickte verständnisvoll. Sie wusste ja von der Geschichte. Wenn auch nicht alles.

Wie unkompliziert hier alles ist, dachte Sonja und ging mit dem Notar zu seinem Wagen.

„Na, aufgeregt?", lächelte er sie an.

„Und wie", antwortete Sonja wahrheitsgemäß.

Dr. Mayerhofer hatte mit Annemarie verabredet, dass er Sonja kurz zu ihr bringen würde. Währenddessen wollte er Anton auf den Besuch vorbereiten.

Der Ludmilla hatte er schon am frühen Morgen nahegelegt, das Geld zurückzugeben, ihre Koffer zu packen und zu verschwinden, bevor er es sich noch anders überlegen und sie wegen Betruges anzeigen würde.

Annemarie und Sonja waren sich gleich sympathisch. Offen unterhielten sie sich über die anstehende Situation. So vertraut, als wenn es immer schon so gewesen wäre.

Sonja erzählte ein wenig von ihrem Leben, vom plötzlichen Tod der Mutter, von der gescheiterten Beziehung und von der Arbeit in der Kanzlei. Sie hatte sich zu Annemarie in die Küche gesetzt, die damit beschäftigt war, einen Apfelkuchen für den Nachmittag zu backen.

Als der Kuchen im Ofen war, setzte sich Annemarie zur ihr an den Tisch und erzählte von den Ereignissen der letzten Monate. Auch sie sei ein wenig nervös und aufgeregt, mache sie sich doch Sorgen, ob das kranke Herz von Anton die Aufregung verkraften würde.

Obwohl Sonja sehr aufgewühlt war, genoss sie es, in der gemütlichen Küche bei Annemarie zu sitzen. Der Blick nach draußen in den blühenden Garten, der Duft des Kuchens, der den Raum erfüllte, die liebenswerte Annemarie erinnerten sie an unbeschwerte Momente aus fernen Kindertagen.

Dr. Mayerhofer hatte seinem alten Freund vorsichtig unterbreitet, dass er gemeinsam mit Annemarie beschlossen hatte, die Katharina zu suchen. Er erzählte ihm ausführlich, wie er mit

Sonja in Kontakt gekommen sei, dass diese seinen Brief so spät gefunden hatte und dass er Ludmilla heute Morgen, nachdem er ihre üblen Machenschaften aufgedeckt hatte, gefeuert habe.

Anton hörte ihm interessiert zu. Seit vielen Monaten reagierte er nicht auf das, was um ihn herum geschah. Jetzt schien ganz langsam wieder Leben in ihm zu erwachen.

Mayerhofer tat sich schwer, ihm mitteilen zu müssen, dass seine geliebte Katharina nicht mehr am Leben sei. Deshalb wollte er sich diese schlechte Nachricht bis zum Schluss aufheben.

Noch ehe er etwas dazu sagen konnte, fragte ihn Anton unvermittelt:
„Die Katharina lebt nicht mehr, oder?"

Der Notar legte die Hand auf die Schulter des Freundes und schüttelte verneinend den Kopf. Besorgt schaute er dem Freund ins Gesicht.

„Irgendwie habe ich es gefühlt", flüsterte Anton. Die Gewissheit war für ihn tröstlicher als die bohrenden Fragen nach dem Warum.

Und dann war es endlich soweit: der große, mit Spannung erwartete Augenblick des Wiedersehens. Annemarie zeigte Sonja den Weg. Hinter dem Haus auf der großen Veranda saß Anton im Rollstuhl und schaute erwartungsvoll in ihre Richtung.

„Mein Gott“, flüsterte er, als er sie sah. Tränen rannen über sein Gesicht. Sonja lief auf ihn zu und umarmte den alten Mann. Auch sie weinte.

Annemarie und Dr. Mayerhofer, die am Haus stehen geblieben waren, beobachteten die Szene. Sie nestelte nach einem Taschentuch und auch der Notar spürte, dass seine Augen feucht wurden.

„Ich bin so erleichtert, dass jetzt doch noch alles gut wird“, sagte Alois Mayerhofer leise. „Er hat es verdient, unser Anton.“

Annemarie nickte zustimmend:
„Wir sollten sie noch ein wenig allein lassen. Gehen Sie mit ins Haus? Ich bereite schon mal den Kaffee vor.“

Sonja hatte sich ganz nah zu Anton gesetzt. Immer wieder schaute er sie an, streichelte ihr Gesicht und hielt ihre Hand.

„Dass Du da bist, meine Kleine“, flüsterte er. Seine Stimme zitterte, die Erregung war ihm anzumerken.

Sie hatten sich so viel zu sagen, ihre starken Gefühle ließen sie jedoch, wortlos nebeneinander sitzend, das Beisammensein genießen.

„Dürfen wir mal stören?“
Annemarie lächelte die beiden wohlwollend an: „Der Kaffeetisch ist gedeckt.“

Sie zeigte mit einer Geste auf die angrenzende Streuobstwiese. Unter dem großen Apfelbaum war der Tisch gedeckt.

Dr. Mayerhofer und Sonja halfen Anton aus seinem Rollstuhl. Er bestand darauf, die wenigen Meter zu Fuß zu gehen. Beschwerlich, einen Fuß vor den anderen setzend, eingehakt in Sonjas Arm, ging er bedächtig, vor Glück strahlend, mit ihr auf die Wiese.

Beim Näherkommen traute Sonja ihren Augen kaum.

In der Mitte des Tisches stand eine Vase mit frischen Gartenblumen, das Service hatte ein Rosenmuster, der frisch gebackene Apfelkuchen stand ebenfalls dort und vor dem Tisch lag

Bernie, der Hund, der sie bereits freundlich wedelnd begrüßt hatte.

Die Ähnlichkeit mit dem Cover des geschenkten Magazins war verblüffend. Auch erinnerte sie sich für einen Moment daran, dass sie hier schon vor vielen Jahren gemeinsam mit Anton und ihrer Mutter gesessen hatte. Damals saß sie vor dem Tisch im Gras und spielte, neben ihr lag ein großer dunkler Hund.

„Hattest Du nicht früher schon einen Hund?“, fragte sie Anton. „Ja“, lachte er, „dass Du Dich noch daran erinnern kannst. Er hieß Bernie. Wie alle meine Hunde.“

Anton scherzte: „Annemarie hat wieder ihren Apfelkuchen gebacken. Der ist gut …“
„… für die Seele“, beendete Sonja lachend den Satz.

Es war ein unbeschwertes, glückliches Beisammensein. Am späten Nachmittag war es längst beschlossene Sache, dass Sonja die restliche Zeit ihres Urlaubs bei Anton wohnen würde. Noch am gleichen Abend holte sie mit Hilfe von Dr. Mayerhofer ihre Sachen aus der Pension von Frau Hinrichs, die dafür vollstes Verständnis hatte. Sie erkannte das Zimmer in dem großen alten Haus sofort wieder. Hier hatte sie während der Ferien mit ihrer Mutter gewohnt. Viel hatte sich in dem gemütlichen Raum in der langen Zeit allerdings nicht verändert.

Müde und glücklich fiel sie spät abends in ihr Bett. Als sie am Morgen erwachte, krähte im Garten nebenan der Hahn von Annemarie und begrüßte wie sie den neuen Tag. Sonja hatte geschlafen wie ein Murmeltier. Sie fühlte sich so ausgeruht, wie schon lange nicht mehr.

Am geöffneten Fenster atmete sie tief ein, streckte sich und schaute hinaus in den großen Garten, in dem die Laufenten bereits emsig nach Schnecken suchten, über den angrenzenden See bis zu den Berggipfeln. Völlig unerwartet schossen ihr die Tränen in die Augen. Ein ganz tiefes Gefühl von Vertrautheit überkam sie, gerade so, als wäre sie am Ort ihrer unbekannten Sehnsucht angekommen.

Als sie runterkam, erwartete sie schon ein glücklich dreinschauender Anton. Annemarie hatte Frühstück gemacht und auf der Terrasse eingedeckt. Sie war aufgekratzt und fröhlich wie schon lange nicht mehr. Es gefiel ihr, mal wieder aktiv zu sein, zu sehen, dass es ihrem alten Freund wieder besser ging und sie mit dem Frühstück allen eine Freude machte.

Zu dem handgebrühten Kaffee hatte sie frische Eier gekocht, Mohnsemmeln gebacken und ihre selbstgemachte Marmelade aufgetischt.

Sonja saß am Tisch und konnte ihr Glück nicht in Worte fassen.

Sie fühlte sich wie zu Hause, wie angekommen im Kreise dieser liebenswerten Menschen, in dieser zauberhaften Gegend. Als Annemarie noch einmal Kaffee nachgeschenkt hatte, ging sie unter einem Vorwand wieder ins Haus. Anton hatte ihr ein Zeichen gegeben.

„Mein liebes Kind“, Anton schaute die ahnungslose Sonja an und legte seine Hand auf ihre.

„Wir haben über vieles geredet ...“ Ein wenig unbeholfen fuhr er fort: „Aber wir haben nicht über alles gesprochen.“

Sonja schaute ihn fragend an. Er nahm allen Mut zusammen und reichte Sonja das Schreiben von Katharina, das er, seitdem er es gefunden hatte, fein säuberlich gefaltet stets bei sich trug.

Schweigend las Sonja, was ihre Mutter vor über dreißig Jahren geschrieben hatte.

„Du bist mein Vater?“ Sonja war überrumpelt von dem, was sie gerade gelesen hatte. „Sie hat nie mit mir darüber gesprochen.“ Tränen traten ihr in die Augen. „Wahrscheinlich war ich auch noch zu klein, damals.“

Anton schwieg betroffen. Er hielt ihre Hand und ließ ihr die nötige Zeit, sich wieder zu sammeln.

Noch einmal nahm sie das Schreiben zur Hand. „Das Datum! Kurze Zeit später ist sie verunglückt.“

„Du hast recht. Das erklärt, warum ich nie mehr etwas von ihr gehört habe und sie auch nicht mehr erreichen konnte“, fügte Anton hinzu. Nach so langer Zeit die Wahrheit zu erfahren, Antworten auf die unzähligen Fragen zu erhalten und zu begreifen, wie das Schicksal die Weichen gestellt hatte,  erschütterte auch ihn.

Hätte ich sie doch damals nicht mehr wegfahren lassen, dachte Anton traurig, vielleicht wäre dann alles ganz anders gekommen.

„Jetzt verstehe ich auch, warum in meiner Geburtsurkunde Vater unbekannt“ steht. Sie hat auf ihr Glück verzichtet, um Dir und Deiner Zukunft nicht im Wege zu stehen. Die Wahrheit konnte sie ja nicht ahnen. Sie muss Dich wirklich sehr geliebt haben." Sonja starrte grübelnd auf das Schreiben, das auf dem Tisch lag.

„Sie wäre sicherlich sehr glücklich, wenn sie uns beide hier zusammensitzen sehen könnte." Anton nickte stumm und nahm seine Tochter in die Arme. So konnte sie seine Tränen nicht sehen.

Die Tage vergingen wie im Flug. Anton erholte sich zusehends. Die beiden unternahmen einige kleinere Ausflüge, saßen viel zusammen und erzählten, schauten sich alte Fotos an oder Anton zeigte ihr sein Anwesen. Annemarie war stets bemüht, die beiden mit ihren Kochkünsten zu verwöhnen. Eine gute, erholsame Zeit.

Sonja konnte sich gar nicht vorstellen, jemals woanders gelebt zu haben. So weit weg waren Köln, die Kanzlei und ihr Leben dort.
Aber leider ging diese Zeit viel zu schnell vorbei. Kurz vor ihrer geplanten Abreise sprach Anton sie auf ihre Zukunftspläne an.

„Eigentlich habe ich mir in den vergangen Jahren darüber gar keine Gedanken mehr gemacht. Ich habe einfach nur funktioniert und war froh über jeden Tag, den ich heil überstanden habe." Nachdenklich schaute sie in den großen Garten, als suche sie nach den richtigen Worten, um ihre Gefühle zum Ausdruck zu bringen.

„Die Zeit mit Dir, diese traumhafte Landschaft fernab von Lärm, Hektik und rücksichtslosen Menschen, hat mir deutlich gemacht, dass ich dringend etwas ändern muss und will in meinem Leben." Sonja schaute Anton liebevoll an.

„Ich möchte wieder bewusster leben, die Natur genießen, wertschätzend mit dem umgehen können, was das Leben uns schenkt."

Sie hielt einen Moment inne und erinnerte sich an die Beobachtung im Bahnhof.

„Die Menschen haben keine Zeit mehr, sie genießen nicht mehr, sie denken nicht mehr nach über das, was sie tun. Sie konsumieren ohne zu fragen, woher es kommt. Sie schmeißen weg, wenn sie es nicht mehr brauchen. Egal, ob es sich um Lebensmittel, Gebrauchsgegenstände oder um Menschen handelt. Was überflüssig ist, wird entsorgt. Irgendwie hat alles seinen Wert verloren. Es zählen nur noch Geld, Erfolg und Macht. Wenn man nicht achtgibt, wird man in diesen Strudel einfach mit hinabgezogen."

Noch während sie sprach, wurde ihr bewusst, was sie so lange verdrängt hatte.

„Du hast mir in der kurzen Zeit das Leben in und mit der Natur gezeigt. Leben als ein Teil von ihr.

Ich habe den Geschmack von Erdbeeren wiederentdeckt, wie gut die Erde riecht nach dem Regen, wie alles grünt und sprießt. Und wie man selbst etwas mit den eigenen Händen schaffen, säen und ernten kann. Gelernt, nur das zu verbrauchen, was tatsächlich notwendig ist.

Und auch den Sonntag wieder als freien, erholsamen Tag zu nutzen."

Beide schwiegen eine Weile.

„Könntest Du Dir vorstellen, für immer hier zu leben, hier bei mir? Das Haus ist groß genug. Du könntest Dir einige Räume nach Deinen Vorstellungen herrichten und Dir in Ruhe Gedanken darüber machen, was Du zukünftig machen willst."

Er sah Sonja fragend an. „Ich wäre sehr glücklich darüber", fügte er leise hinzu.

Sonja ließ sich Zeit, um zu antworten. Zeit, die Anton vorkam wie eine Ewigkeit.

Sie sah ihn an. „Ich wäre auch sehr glücklich, wenn ich hier bei Dir leben könnte. Sehr, sehr glücklich sogar", fügte sie noch hinzu und sah ihn lächelnd an.

Er nahm ihre Hand und drückte sie ganz fest. Sonja lehnte ihren Kopf an seine Schulter.

Sie saßen ganz still, beseelt von dem soeben gefassten Entschluss.

„Störe ich?“, Annemarie trat unbemerkt zu ihnen an den Tisch.

„Nein, setz Dich her. Wir müssen Dir was mitteilen“, lachte Anton fröhlich.

„Nein, das glaube ich jetzt nicht. Die Überraschung ist Euch aber gelungen. Das ist ja zu schön.“ Annemarie war völlig aus dem Häuschen. Junges Leben hier in dem alten Gemäuer. Das war doch mal ein Grund zur Freude.

„Auf die Nachricht müssen wir anstoßen“, rief sie und war bereits unterwegs ins Haus, um ihren selbstgemachten Kirschlikör zu holen.

Sie saßen noch lange zusammen, erzählten, lachten, schmiedeten Pläne.

„Ich möchte ganz viel von Euch lernen. Von Dir, Annemarie, wie man einen Bauerngarten wie diesen anlegt, wie man die Heilkräuter verwendet, wie man einweckt, wie man Früchte trocknet und vieles, vieles mehr.“

„Und von Dir möchte ich alles über die Natur und das Leben auf dem Lande erfahren.“
„Vater“, fügte sie nach einem kurzen Moment des Zögerns hinzu und schaute Anton liebevoll an.

„Ich möchte gern die alten Aufzeichnungen und Notizen meiner Großmutter zusammenfassen, ihre Rezepte nachkochen. Und vor allen Dingen jeden einzelnen Tag mit Dir, Vater, genießen.“

„Ich werde Euch ganz schön auf Trab halten“, scherzte Sonja.

„Das will ich doch hoffen“, fiel Anton fröhlich ein.

Der Tag der Abreise nach Köln war da. Anton war nicht mitgekommen zum Bahnhof. Sie hatte sich ausgiebig von ihm verabschiedet. Es fiel ihnen beiden nicht leicht. Obwohl es nur für kurze Zeit sein sollte.
Sonja musste ihre Arbeit kündigen, die Wohnung auflösen, den Umzug planen usw.

„Ich bin ja bald wieder hier.“ Sie drückte ihm einen Kuss auf die Wange.

Annemarie und Dr. Mayerhofer brachten sie zum Bahnhof. Ihr war übel. Am liebsten wäre sie gar nicht mehr zurückgefahren in diese laute, hektische, schmutzige Stadt. Zu den Menschen, die sie jahrelang schikaniert hatten.

Aber sie wollte auch Frau Dr. Neufahrn und Frau Thielen erzählen, was vorgefallen war, sich bei ihnen bedanken und sich verabschieden. Auf jeden Fall wollte sie mit den beiden Frauen in Kontakt bleiben, die maßgeblich daran beteiligt waren, dass sie in den vergangenen Monaten ihr Leben grundlegend geändert hatte.

## Köln

Wie erwartet, wurde Sonja am ersten Tag nach ihrer Rückkehr äußerst unterkühlt und unfreundlich in der Kanzlei empfangen. „Herr Schöne möchte Sie umgehend sprechen“, schleuderte Frau Kötter ihr entgegen, ohne sie zu begrüßen oder gar zu fragen, wie es ihr ginge.

Rechtsanwalt Schöne ließ sie wortlos, ohne aufzuschauen, eine Weile vor seinem Schreibtisch stehen, als wenn sie Luft wäre. Seine Arroganz war kaum noch zu toppen.

„Herr Schöne, Sie wollten mich sprechen?“ Sonja hatte keine Lust, sich so herabwürdigend behandeln zu lassen.

„Allerdings“, er schaute sie abfällig an. „Sie können sich sicherlich denken warum, oder?“, fragte er sie provozierend.

Er war schließlich der Chef hier. Und er hatte die Macht, über ihr Wohlergehen verfügen zu können.

Sonja sah ihn unbeeindruckt an.

Gerade, als er ihr mit einer triumphierenden

Geste die Abmahnung übergeben wollte, hielt sie ihm wortlos ihre Kündigung entgegen.

„Fristlos. Wie Sie sehen. Ich packe jetzt meine persönlichen Sachen und gehe dann."

Sonja sah auf Rechtsanwalt Schöne herab, der entgeistert hinter seinem Schreibtisch saß.

Während Sonja ihre wenigen privaten Dinge an ihrem Arbeitsplatz zusammenräumte, tuschelten Frau Kötter und ihr Chef aufgeregt. Sie waren beide fassungslos.

Genau so, wie sie es sich in ihren Träumen immer gewünscht hatte, ging Sonja mit ihrer Tasche in der einen und dem Schlüssel in der anderen Hand in das Büro des Anwalts, dessen Türe offen stand. Mit den Worten: „Das war's!", warf sie ihm die Schlüssel auf den Schreibtisch. Höflichkeitshalber sagte sie: „Auf Wiedersehen!", drehte sich um und ging hoch erhobenen Hauptes Richtung Ausgang. Sie spürte deutlich die tödlichen Blicke der beiden in ihrem Rücken.

Aber das machte ihr jetzt nichts mehr aus.

Sie verließ die Villa, in der sie die vergangenen Jahre gearbeitet, so viele Demütigungen ertragen und so viele Tränen vergossen hatte und drehte sich nicht ein einziges Mal um. So einfach war das also, wenn das Schicksal die richtigen Weichen gestellt hatte.

Sonja hätte sich niemals vorstellen können, in nur wenigen Tagen die Wohnung zu kündigen, ein Unternehmen mit ihrem Umzug nach Prien zu beauftragen und innerhalb kürzester Zeit alles Notwendige gepackt zu haben.

Jeden Abend telefonierte sie mit ihrem Vater. Erzählte ihm von ihren Vorbereitungen, ihrer Kündigung und der Reaktion der beiden Fieslinge in der Kanzlei.

Gut drei Wochen nach ihrer Rückkehr aus Prien war es dann soweit.

Die Wohnung war leer, das Wenige, das ihr wichtig war, stand verpackt und gut verstaut im Umzugswagen.

Auch Kater Piu saß in seiner Transportkiste und wartete auf die Abfahrt.

Als sie die Wohnungstür ein letztes Mal hinter sich zuzog, hatte sie das Gefühl, damit die Tür zu der wohl schwersten Zeit in ihrem Leben geschlossen zu haben.

Der LKW setzte sich in Bewegung, der Fahrer hatte das Radio eingeschaltet. Ausführlich berichtete ein Kölner Radiosender über den neuesten Lebensmittelskandal. Gammelfleisch sei im großen Stil verschoben und neu etikettiert worden und als Frischfleisch in die Läden gelangt.
Millionen Gewinne hätten die beiden Firmeninhaber mit dem seit Jahren durchgeführten Betrug erzielt. Ohne Rücksicht auf die Gesundheit der Käufer. Der bekannte Kölner Anwalt Martin Alexander S. stehe unter Verdacht, in diesen Skandal verwickelt zu sein.

Der Fahrer schüttelte den Kopf: „Manche kriegen den Hals nicht voll.“

Sonja war froh, all das hinter sich lassen zu können. Sie fuhr ihrem neuen Leben entgegen.

Zufrieden und voller Vorfreude lehnte sie sich entspannt zurück und lauschte dem vertrauten Schnurren des Katers. Auch er schien zu spüren, dass sie beide auf dem Weg in eine glückliche Zukunft waren.

## Nachwort

Wie nicht anders zu erwarten, lebte sich Sonja rasch in ihrer neuen Heimat ein. Das Pfeifen in ihren Ohren hatte schnell aufgehört, sie schlief nachts tief und fest und wachte morgens ausgeruht und erfrischt auf. Die Einschlaf- und Magenmittel hatte sie längst entsorgt. Ebenso die Ohrstöpsel. Die brauchte sie nicht mehr.

Die Tage vergingen wie im Flug. Ein ereignisreicher Sommer neigte sich dem Ende. Der nahende Herbst war bereits zu spüren. Erntezeit.

Sonja stand in der Küche und schälte die Äpfel, die am Morgen gepflückt worden waren. Annemarie rührte den Teig für den Kuchen und Anton saß auf der Eckbank und unterhielt die beiden Frauen lachend mit einigen Anekdoten aus seiner Jugend. Eine unbeschwerte Zeit.

„Hallo Ihr Lieben.“ Hiltrud Hinrichs kam mit dem Einkaufskorb am Arm, wie immer gut gelaunt, zur Tür herein. „Hier duftet es ja, dass einem das Herz aufgeht.“

„Wir haben schon jede Menge Kuchen gebacken für heute Nachmittag. Du kommst doch auch, Hiltrud?“ Sonja sah sie lächelnd an.

„Natürlich, komme ich zu Eurem ersten großen gemeinsamen Fest.“
Und mit einem Blick auf die bereits fertigen Apfelkuchen, die zum Abkühlen am geöffneten Küchenfenster standen: „Ich freue mich schon seit Tagen darauf.“

Sonja hatte in Hiltrud längst eine gute Freundin gefunden. Sie kannte auch ihre Schwäche für frisch gebackenen Kuchen.

„Was haltet Ihr davon, den Apfelkuchen zu probieren?“ Sonja hatte spontan Teller auf den Tisch gestellt und schnitt einen der frischen Kuchen an.

„Ist der köstlich, zum Dahinschmelzen“, Hiltrud verzog verzückt das Gesicht, „das ist wirklich ein Apfelkuchen ...“

„... für die Seele“, fielen die drei anderen ihr lachend ins Wort.

## Emmas Apfelkuchen-Rezept

| | |
|---|---|
| 80 gr Butter | 125 - 150 ml Milch |
| 150 gr Zucker | etwas abgeriebene |
| 1 Prise Salz | Zitronenschale |
| 300 gr Mehl | 1 kg Äpfel |
| 1 Ei | 2 EL Rum |
| 1 Päckchen Vanillezucker | Puderzucker zum |
| 1 Päckchen Backpulver | Bestreuen |

Butter, Zucker, Ei schaumig rühren, nach und nach das mit Backpulver vermischte und gesiebte Mehl, Salz, Zitronenschale und Vanillezucker dazu geben und mit Milch zu einem glatten aber festen Teig verrühren.

Eine Springform (26 cm) einfetten, den Teig einfüllen und glatt streichen.

Äpfel schälen, in Streifen schneiden, Kerngehäuse entfernen. Dann die Äpfel fächerförmig in den Teig drücken und mit Rum beträufeln.

Bei Mittelhitze goldgelb backen.

Der Kuchen kann nach Belieben nach dem Backen mit weißer Zuckerglasur überzogen oder mit Puderzucker/Hagelzucker bestreut werden.

## Emmas Apfelkuchen-Rezept

80 g Butter
150 g Zucker
1 Prise Salz
300 g Mehl
1 Ei
1 Päckchen Vanillezucker
1 Päckchen Backpulver
125 - 150 ml Milch
etwas abgeriebene Zitronenschale
1 kg Äpfel
2 EL Rum
Puderzucker zum Bestreuen

Butter, Zucker, Ei schaumig rühren, nach und nach das mit Backpulver vermischte und gesiebte Mehl, Salz, Zitronenschale und Vanillezucker dazugeben und mit Milch zu einem glatten, aber festen Teig verrühren.
Eine Springform (⌀ 26 cm) einfetten, den Teig einfüllen und glatt streichen.
Äpfel schälen, in Streifen schneiden, Kerngehäuse entfernen. Dann die Äpfel fächerförmig in den Teig drücken und mit Rum beträufeln.
Bei Mittelhitze goldgelb backen.
Der Kuchen kann nach Belieben nach dem Backen mit weißer Zuckerglasur überzogen oder mit Puderzucker/Hagelzucker bestreut werden.

## Danksagung

Ganz besonderer Dank gilt meinem Mann Wolfgang, der stets den Überblick bewahrt und mit seiner ruhigen, strategischen Vorgehensweise manches Chaos im zeitlichen Ablauf der Geschichte verhindert hat. Mit ihm an meiner Seite ist das Leben und Arbeiten die pure Freude.

Ich möchte nicht unerwähnt lassen, dass ich das Glück habe, mit einem großartigen Team zusammenzuarbeiten: ein herzliches Dankeschön an Petra Seitzmayer, Lektorat, an Malika Wichtendahl, Layout und Satz, sowie an Alfred Nordmann, Druck.

Und nicht zuletzt danke ich Jennifer und Miguel, die mich beide mit ihrer ganz speziellen Art immer wieder zum Lachen bringen und mein Leben außerordentlich bereichern.

**Bisher erschienene Bücher**

Gabriela Zander-Schneider:
**Sind Sie meine Tochter?**
Originalausgabe 2006
3. Auflage: 2011
Taschenbuch, 224 Seiten
ISBN:978-499-62189-5
Rowohlt Verlag

Das Buch ist in Deutschland und
in der Schweiz in Blindenschrift erschienen.

Gabriela Zander-Schneider:
**Sind Sie meine Tochter?**
Lizenzausgabe 2008
Hardcover, 221 Seiten
ISBN:978-3-8289-9350-1
Weltbild Verlag

Gabriela Zander-Schneider /
Wolfgang J. Schneider
**Vera**
**Protokoll einer Vernichtung**
Roman
Originalausgabe 2010
Taschenbuch, 240 Seiten
ISBN 978-3-00-032858-9
Erschienen im Selbstverlag

**Liebe Leser/-innen,**

„Apfelkuchen für die Seele“ ist mehr als nur ein Buch …

Würden Sie auch gerne wie Sonja auf dem Land leben, die Natur genießen, vielleicht einen kleinen Bauerngarten anlegen oder abends auf der Bank am See sitzen? Und endlich mal all die Dinge tun, zu denen Sie eigentlich nie Zeit haben und deshalb nur davon träumen?

Ich möchte Sie ermutigen, eine Auszeit zu nehmen. Hineinzuspringen in den Traum von einem anderen Leben, ohne dabei die Tür zu ihrem realen Leben zu schließen.

Um dem eigenen Traum ein wenig näher zu kommen, muss man ja nicht unbedingt den Wohnort wechseln oder die Arbeitsstelle aufgeben. Manchmal hilft schon eine kleine Pause. Genießen Sie ein Stück frischen, vielleicht sogar selbst gebackenen Apfelkuchen und folgen Sie Sonjas Einladung, sie in ihrem Leben am Chiemsee zu besuchen.

Machen Sie es sich zur Gewohnheit, sich hin und wieder auf ihre eigene kleine Insel zurückzuziehen. Die ausgesuchten Produkte der Marke „Apfelkuchen für die Seele“ zaubern Ihnen eine wohltuende Atmosphäre und unterstützen Sie bei Ihrem Vorhaben, dem Alltag und seiner Hektik vorübergehend zu entfliehen.

Auf der Seite **www.apfelkuchen-fuer-die-Seele.de** können Sie Sonjas Leben auf dem Land begleiten.

Erfreuen Sie sich an zauberhaften Aufnahmen aus ihrem täglichen Leben, lassen Sie sich inspirieren, die eine oder andere Anregung für Ihr eigenes Zuhause umzusetzen.

Unbeschwert, gesund und bewusst zu leben, ist kein Zauberwerk. Seien Sie gespannt, was es auf der Seite noch zu finden gibt.

Herzlichst,
Ihre

*Gabriela Zander-Schneider*

**clean-eating - der pure Genuss** wird das Angebot für ein veganes Leben erweitern. Informationen hierzu finden Sie auf der nächsten Seite.

**Clean-eating - der pure Genuss**

Sie haben sich wohlgefühlt in Sonja`s Welt?

Dann lassen Sie sich willkommen heißen bei **clean-eating - der pure Genuss!**

Gönnen Sie sich kulinarischen und optischen Balsam für die Seele und den Magen und lassen Sie sich inspirieren durch gaumenverwöhnende Kreationen, die für Wohlbefinden sorgen.

Nehmen Sie sich eine Auszeit von unserem Coffee-to-go-Zeitalter und entdecken Sie Kochen und gesunde, schmackhafte Ernährung neu.

Glück geht auch durch den Magen!

**www.clean-eating.eu**